El crítico como artista
La decadencia de la mentira

Oscar Wilde

El crítico como artista
La decadencia de la mentira

Nueva traducción al español
traducido del inglés por Guillermo Tirelli

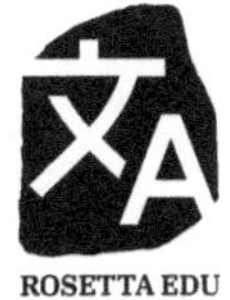

ROSETTA EDU

Título original: *The Critic as Artist / The Decay of Lying*

Primera publicación: 1891

Ilustración de tapa: James Abbott McNeill Whistler. Nocturne: Blue and Silver - Chelsea 1871

Primera edición: Diciembre 2023

Publicado por Rosetta Edu
Londres, Diciembre 2023
www.rosettaedu.com

ISBN: 978-1-916939-39-4

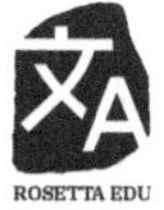

CLÁSICOS EN ESPAÑOL

Rosetta Edu presenta en esta colección libros clásicos de la literatura universal en nuevas traducciones al español, con un lenguaje actual, comprensible y fiel al original.

Las ediciones consisten en textos íntegros y las traducciones prestan especial atención al vocabulario, dado que es el mismo contenido que ofrecemos en nuestras célebres ediciones bilingües utilizadas por estudiantes avanzados de lengua extranjera o de literatura moderna.

Acompañando la calidad del texto, los libros están impresos sobre papel de calidad, en formato de bolsillo o tapa dura, y con letra legible y de buen tamaño para dar un acceso más amplio a estas obras.

Rosetta Edu
Londres
www.rosettaedu.com

INDICE

EL CRÍTICO COMO ARTISTA
CON ALGUNAS OBSERVACIONES SOBRE
LA IMPORTANCIA DE NO HACER NADA

UN DIÁLOGO.
Personajes: Gilbert y Ernest.

PARTE I.

Escena: la biblioteca de una casa en Piccadilly, con vistas al Green Park.

GILBERT *(al piano)*. Mi querido Ernest, ¿de qué te ríes?

ERNEST *(levantando la vista)*. De una historia imortante que acabo de encontrar en este volumen de *Reminiscencias* que he encontrado sobre tu mesa.

GILBERT. ¿Cuál es el libro? ¡Ah! Ya veo. Aún no lo he leído. ¿Es bueno?

ERNEST. Bueno, mientras tú has estado tocando, yo he estado pasando las páginas con cierta diversión, aunque, por regla general, me disgustan las memorias modernas. Generalmente están escritas por personas que, o bien han perdido por completo la memoria, o bien nunca han hecho nada que merezca la pena recordar; lo cual, sin embargo, es, sin duda, la verdadera explicación de su popularidad, ya que el público inglés siempre se siente perfectamente a gusto cuando le habla un mediocre.

GILBERT. Sí, el público es maravillosamente tolerante. Lo perdona todo excepto el genio. Pero debo confesar que me gustan todas las memorias. Me gustan por su forma, tanto como por su materia. En literatura el mero egoísmo es delicioso. Es lo que nos fascina en las cartas de personalidades tan distintas como Cicerón y Balzac, Flaubert y Berlioz, Byron y Madame de Sévigné. Siempre que nos topamos con él y, por extraño que parezca, es más bien raro, no podemos sino darle la bienvenida y no lo olvidamos fácilmente. La humanidad siempre amará a Rousseau por haber confesado sus pecados, no a un sacerdote, sino al mundo, y las ninfas *couchant* que Cellini forjó en bronce para el castillo del Rey Francisco, el Perseo verde y dorado, incluso, que en la *Loggia* abierta de Florencia muestra a la luna el terror muerto que una vez convirtió la vida en piedra, no le han proporcionado más placer que esa autobiografía en la que el canalla supremo del Renacimiento relata la historia de su esplendor y su vergüenza. Las opiniones, el carácter, los logros del hombre, importan muy poco. Puede ser un escéptico como el gentil Sieur de Montaigne, o un santo como el amargado hijo de Mónica, pero cuando nos cuenta sus propios secretos siempre puede encantar nuestros oídos para que escuchen y nuestros labios para que callen. El modo de pensamiento que representaba el Cardenal Newman —si es que puede llamarse así a un modo de pensamiento que trata de resolver los problemas intelectuales mediante la negación de la supremacía del intelecto— puede que no sobreviva, no puede, creo yo. Pero el mundo nunca se cansará de observar a esa alma atribulada en su progreso de oscuridad en oscuridad. La solitaria iglesia de Littlemore, donde «el aliento de la mañana es húmedo y los fieles son pocos», siempre le será querida, y siempre que los hombres vean florecer el boca de dragón amarillo en el muro de Trinity pensarán en aquel agraciado universitario que vio en la segura recurrencia de la flor una profecía de que permanecería para siempre con la Madre Benigna de sus días... una profecía que la Fe, en su sabiduría o en su locura, permitió que no se cumpliera. Sí; la autobiografía es irresistible. El pobre, tonto y engreído Sr. Secretario Pepys se ha abierto camino parloteando en el círculo de los inmortales y, consciente de que la indiscreción es la mejor parte del valor, se pasea entre ellos con ese «desgreñado vestido púrpura con botones dorados y encaje de bucles» que tanto le gusta describirnos, perfectamente a sus anchas y parloteando, para su propio e infinito placer y el nuestro, de la enagua azul índigo que compró para su esposa, del «buen pedazo de cerdo» y del «agradable fricasé francés de ternera» que le encantaba comer, de su partida de petanca con Will Joyce y de su «jugueteo tras las bellezas» y de su recitación de *Hamlet* los domingos y de su interpretación del violín los días laborables y de otras cosas perversas o triviales. Incluso en la vida real el egoísmo no carece de atractivos. Cuando la gente nos habla de los demás suelen ser aburridos. Cuando nos hablan de sí mismos son casi siempre interesantes y, si uno pudiera callarlos, cuando se vuelven cansinos, con la misma facilidad con la que se puede callar un libro del que uno se ha cansado, serían perfectos absolutamente.

ERNEST. Hay mucha virtud en ello, como diría Touchstone. Pero, ¿propones seriamente que cada hombre se convierta en su propio Boswell? ¿Qué sería de nuestros industriosos compiladores de Vidas y Recuerdos en ese caso?

GILBERT. ¿Qué ha sido de ellos? Son la peste de la época, ni más ni menos. Hoy en día, todo gran hombre tiene sus discípulos y siempre es Judas quien escribe la biografía.

ERNEST. ¡Mi querido amigo!

GILBERT. Me temo que es cierto. Antes canonizábamos a nuestros héroes. El método moderno es vulgarizarlos. Las ediciones baratas de grandes libros pueden ser deliciosas, pero las ediciones baratas de grandes hombres son absolutamente detestables.

ERNEST. ¿Puedo preguntar, Gilbert, a quién aludes?

GILBERT. ¡Oh, a todos nuestros *littérateurs* de segunda! Estamos invadidos por un conjunto de personas que, cuando fallece un poeta o un pintor, llegan a la casa junto con el enterrador y olvidan que su único deber es enmudecer. Pero no hablaremos de ellos. Son los meros ladrones de cadáveres de la literatura. El polvo se lo dan a uno y las cenizas a otro y el alma está fuera de su alcance. Y ahora, déjame que toque Chopin, ¿o Dvorak? ¿Toco una fantasía de Dvorak para ti? Compone cosas apasionantes, de colores curiosos.

ERNEST. No; no quiero música por el momento. Es demasiado indefinida. Además, anoche salí a cenar con la Baronesa Bernstein y, aunque absolutamente encantadora en todos los demás aspectos, insistió en hablar de música como si realmente estuviera escrita en lengua alemana. Ahora bien, suene como suene la música, me complace decir que no suena en lo más mínimo como el alemán. Hay formas de patriotismo que son realmente degradantes. No; Gilbert, no toques más. Date la vuelta y háblame. Háblame hasta que el día de los cuernos blancos entre en la habitación. Hay algo en tu voz que es maravilloso.

GILBERT *(levantándose del piano)*. No estoy de humor para hablar esta noche. Realmente no lo estoy. ¡Qué horror que sonrías! ¿Dónde están los cigarrillos? Gracias. ¡Qué exquisitos son estos narcisos! Parecen hechos de ámbar y marfil frío. Son como cosas griegas de la mejor época. ¿Cuál fue la historia de las confesiones del académico arrepentido que te hizo reír? Cuéntamela. Después de tocar a Chopin, me siento como si hubiera estado llorando por pecados que nunca he cometido y lamentándome por tragedias que no eran mías. La música siempre me parece que produce ese efecto. Crea para uno un pasado del que ha sido ignorante y le llena de un sentimiento de penas que han estado ocultas a sus lágrimas. Puedo imaginarme a un hombre que hubiera llevado una vida perfectamente corriente, oyendo por casualidad alguna pieza musical curiosa y descubriendo de repente que su alma, sin que él fuera consciente de ello, había pasado por experiencias terribles y conocido alegrías temibles, o amores románticos salvajes, o grandes renuncias. Cuéntame esta historia, Ernest. Quiero divertirme.

ERNEST. ¡Oh, no sé si tiene importancia! Pero me pareció una ilustración realmente admirable del verdadero valor de la crítica de arte ordinaria. Parece ser que una vez una dama le preguntó seriamente al arrepentido Académico, como tú lo llamas, si su célebre cuadro de «Un día de primavera en Whiteley's» o «Esperando al último ómnibus» o algún tema de ese tipo estaba todo pintado a mano.

GILBERT. ¿Y lo estaba?

ERNEST. Eres incorregible. Pero, hablando en serio, ¿para qué sirve la crítica de arte? ¿Por qué no se puede dejar solo al artista para que cree un mundo nuevo si lo desea o, si no, para que sombree el mundo que ya conocemos y del que, me imagino, cada uno de nosotros estaría cansado si el Arte, con su fino espíritu de elección y su delicado instinto de selección, no lo purificara, por así decirlo, para nosotros y le diera una perfección momentánea. Me parece que la imaginación extiende, o debería extender, una soledad a su alrededor, y trabaja mejor en silencio y en aislamiento. ¿Por qué debería el artista preocuparse por el estridente clamor de la crítica? ¿Por qué los que no pueden crear deben encargarse de estimar el valor del trabajo creativo? ¿Qué pueden saber ellos al respecto? Si la obra de una persona es fácil de entender, una explicación es innecesaria...

GILBERT. Y si su obra es incomprensible, una explicación es perversa.

ERNEST. Yo no he dicho eso.

GILBERT. ¡Ah, pero deberías haberlo hecho! Hoy en día, nos quedan tan pocos misterios que no podemos permitirnos desprendernos de ninguno de ellos. Los miembros de la Browning Society, al igual que los teólogos de Broad Church Party, o los autores de la *Serie de Grandes Escritores* de Mr. Walter Scott, me parece que emplean su tiempo en intentar explicar su divinidad. Donde uno había esperado que Browning fuera un místico, ellos han tratado de demostrar que simplemente era inarticulado. Donde uno había imaginado que tenía algo que ocultar, han demostrado que tenía muy poco que revelar. Pero yo sólo hablo de su obra incoherente. Tomado en su conjunto, era un gran hombre. No pertenecía al Olimpo y tenía toda la incompletud del Titán. No inspeccionaba y sólo en contadas ocasiones sabía cantar. Su obra está empañada por la lucha, la violencia y el esfuerzo, y no pasó de la emoción a la forma, sino del pensamiento al caos. Aun así, fue grande. Se le ha llamado pensador y, ciertamente, era un hombre que siempre estaba pensando y siempre pensando en voz alta; pero no era el pensamiento lo que le fascinaba, sino más bien los procesos por los que se mueve el pensamiento. Era la máquina lo que amaba, no lo que la máquina fabrica. El método por el que el tonto llega a su locura le era tan querido como la sabiduría última del sabio. De hecho, tanto le fascinaba el sutil mecanismo de la mente que despreciaba el lenguaje o lo consideraba un instrumento de expresión incompleto. La rima, ese exquisito eco que en la colina hueca de la Musa crea y responde a su propia voz; la rima, que en manos del verdadero artista se convierte no sólo en un elemento material de belleza métrica sino también en un elemento espiritual de pensamiento y pasión, despertando un nuevo estado de ánimo, puede ser, o agitando una fresca sucesión de ideas, o abriendo por la mera dulzura y sugerencia del sonido alguna puerta dorada a la que la propia Imaginación había llamado en vano; la rima, que puede convertir la expresión del hombre en el habla de los dioses; la rima, el único acorde que hemos añadido a la lira griega, se convirtió en manos de Robert Browning en algo grotesco y deforme, que a veces le hizo disfrazarse en poesía de comediante de baja estofa y cabalgar sobre Pegaso con demasiada frecuencia en ton de sorna. Hay momentos en los que nos hiere con una música monstruosa. No, si sólo puede conseguir su música rompiendo las cuerdas de su laúd, las rompe, y chasquean en discordia, y ningún *tettix* ateniense, haciendo melodía de sus alas trémulas, enciende el cuerno de marfil para que el movimiento sea perfecto, o el intervalo menos áspero. Sin embargo, fue grande: y aunque convirtió el lenguaje en arcilla innoble, hizo de ella hombres y mujeres que viven. Es la criatura más shakesperiana desde Shakespeare. Si Shakespeare podía cantar con una miríada de labios, Browning podía tartamudear por mil bocas. Incluso ahora, mientras hablo, y no hablo contra él sino a su favor, se desliza por la sala el desfile de sus personas. Allí, se arrastra Fra Lippo Lippi con las mejillas aún encendidas por el beso ardiente de alguna muchacha. Allí, está el temible Saúl con los señoriales zafiros masculinos brillando en su turbante. Mildred Tresham está allí y el monje español, amarillo de odio y Blougram y Ben Ezra y el obispo de San Praxed. El engendro de Setebos farfulla en un rincón y Sebald, al oír pasar a Pippa, contempla el rostro demacrado de Ottima y la aborrece a ella y a su propio pecado, y a sí mismo. Pálido como el blanco satén de su jubón, el melancólico rey mira con ojos soñadores y traicioneros al demasiado leal Strafford pasar a su perdición y Andrea se estremece al oír silbar a los primos en el jardín y ordena a su perfecta esposa que baje. Sí, Browning fue grande. ¿Y como qué será recordado? ¿Como poeta? Ah, ¡no como poeta! Será recordado como escritor de ficción, como el escritor de ficción más supremo, puede ser, que hayamos tenido jamás. Su sentido de la situación dramática no tenía rival y, si no podía responder a sus propios problemas, al menos podía plantearlos, ¿y qué más debe hacer un artista? Considerado desde el punto de vista de un creador de personajes, está a la altura del que hizo a Hamlet. Si hubiera sido elocuente, podría haberse sentado a su lado. El único hombre que puede tocar el dobladillo de su vestimenta es George Meredith. Meredith es un Browning en prosa, y Browning también lo es. Utilizó la poesía como medio para escribir en prosa.

ERNEST. Hay algo en lo que dices, pero no lo hay todo en lo que dices. En muchos puntos eres injusto.

GILBERT. Es difícil no ser injusto con lo que uno ama. Pero volvamos al punto concreto en cuestión. ¿Qué fue lo que dijiste?

ERNEST. Simplemente esto: que en los mejores tiempos del arte no había críticos de arte.

GILBERT. Me parece haber oído esa observación antes, Ernest. Tiene toda la vitalidad del error y todo el tedio de un viejo amigo.

ERNEST. Es cierto. Sí, no sirve de nada que sacudas la cabeza de esa manera tan petulante. Es muy cierto. En los mejores tiempos del arte no había críticos de arte. El escultor tallaba del bloque de mármol el gran Hermes de extremidades blancas que dormía en su interior. Los enceradores y doradores de imágenes daban tono y textura a la estatua, y el mundo, cuando la veía, adoraba y enmudecía. Vertió el bronce incandescente en el molde de arena, y el río de metal rojo se enfrió en nobles curvas y tomó la impronta del cuerpo de un dios. Con esmalte o joyas pulidas dio vista a los ojos sin vista. Los rizos como jacintos crecían crujientes bajo su buril. Y cuando, en algún oscuro fresco, o en un pórtico iluminado por el sol, el hijo de Leto se erguía sobre su pedestal, los que pasaban por allí, διὰ λαμπροτάτου βαίνοντες ἁβρῶς αἰθέρος [pasando ligeramente por el aire brillante], se volvían conscientes de una nueva influencia que había llegado a sus vidas, y soñaban, o sino, con una sensación de extraña y acelerada alegría, se dirigían a sus hogares o a sus labores cotidianas, o vagaban, tal vez, a través de las puertas de la ciudad hasta aquel prado encantado de ninfas donde el joven Fedro bañó sus pies, y, tumbado allí sobre la suave hierba, bajo los altos plátanos susurrantes del viento y el *agnus castus* en flor, comenzó a pensar en la maravilla de la belleza, y enmudeció con un temor desacostumbrado. En aquellos días el artista era libre. Del valle del río tomaba la fina arcilla entre sus dedos y, con una pequeña herramienta de madera o hueso, la moldeaba en formas tan exquisitas que la gente se las daba a los muertos como juguetes, y aún las encontramos en las tumbas polvorientas de la ladera amarilla junto a Tanagra, con el oro tenue y el carmesí desvaído aún persistentes sobre el cabello y los labios y la vestimenta. Sobre una pared de yeso fresco, manchada de brillante sándalo o mezclada con leche y azafrán, representó a una que pisaba con pies cansados los campos de asfódelos de estrellas blancas y púrpuras, una «en cuyos párpados yacía toda la guerra de Troya», Polixena, la hija de Príamo; o dio figura a Odiseo, el sabio y astuto, atado con cuerdas apretadas al plinto del mástil, para poder escuchar sin daño el canto de las sirenas, o vagando por el claro río del Aqueronte, donde los fantasmas de los peces revoloteaban sobre el lecho de guijarros; o mostró al persa con tréboles y mitra volando ante el griego en Maratón, o a las galeras entrechocando sus picos de bronce en la pequeña bahía de Salamin. Dibujó con punta de plata y carbón sobre pergamino y cedro preparado. Sobre marfil y terracota de color rosa pintó con cera, haciendo que la cera se fluidificara con zumo de aceitunas, y con hierros calentados la hizo firme. El panel y el mármol y el lienzo de lino se volvían maravillosos cuando su pincel los recorría; y la vida, al ver su propia imagen, se quedaba quieta y no se atrevía a hablar. Toda la vida, en efecto, era suya, desde los mercaderes sentados en la plaza del mercado hasta el pastor embozado tendido en la colina; desde la ninfa oculta entre los laureles y el fauno que gaitea al mediodía, hasta el rey a quien, en largas literas con cortinas verdes, los esclavos llevaban sobre hombros aceitados y abanicaban con abanicos de pavo real. Hombres y mujeres, con placer o pena en sus rostros, pasaban ante él. Él los observaba, y su secreto se convertía en el suyo. A través de la forma y el color recreó un mundo.

Todas las artes sutiles también le pertenecían. Sostenía la gema contra el disco giratorio, y la amatista se convertía en el lecho púrpura para Adonis, y a través del sardónice veteado se movía Artemisa con sus sabuesos. Él batió el oro en rosas, y las ensartó juntas para collar o brazalete. Batió el oro en coronas para el casco del conquistador, o en palmates para el manto tirio, o en máscaras para los muertos reales. En el reverso del espejo de plata grabó a Tetis llevada por sus Nereidas, o a Fedra enferma de amor con su nodriza, o a Perséfone, cansada del recuerdo, poniéndose amapolas en el pelo. El alfarero se sentó en su cobertizo y, como una flor que brota del silencioso torno, el jarrón se alzó bajo sus manos. Decoró la base, el tallo y las orejas con motivos de delicadas hojas de olivo, o acantos foliados, u ondas curvas y crestadas. Luego, en negro o rojo, pintaba muchachos luchando o participando en la carrera: caballeros con armadura completa, con extraños escudos heráldicos y curiosas viseras, inclinados desde carros en forma de concha sobre corceles encabritados: los dioses sentados en el festín u obrando sus milagros: los héroes en su victoria o en su dolor. A veces grababa con finas líneas bermellón sobre un fondo blanco al lánguido novio y su novia, con Eros revoloteando a su alrededor: un Eros como uno de los ángeles de Donatello, una cosita risueña con alas doradas o azules. En el lado curvo escribiría el nombre de su amigo. ΚΑΛΟΣ ΑΛΚΙΒΙΑΔΗΣ o ΚΑΛΟΣ ΧΑΡΜΙΔΗΣ nos cuenta la historia de sus días. De nuevo, en el borde de la ancha copa plana dibujaba al ciervo hojeando, o al león en reposo, según le apetecía. Del diminuto frasco de perfume reía Afrodita en su aseo y, con las ménades de extremidades desnudas en su séquito, Dioniso danzaba alrededor de la jarra de vino sobre pies desnudos manchados de mosto, mientras, como un sátiro, el viejo Sileno se despatarraba sobre las pieles hinchadas o agitaba aquella lanza mágica que tenía la punta de un cono de abeto calado y estaba coronada de hiedra oscura. Y nadie vino a molestar al artista en su trabajo. Ninguna charla irresponsable le perturbaba. No le preocupaban las opiniones. Por el Iliso, dice Arnold en alguna parte, no existía Higginbotham. Por el Iliso, mi querido Gilbert, no había tontos congresos de arte llevando el provincialismo a las provincias y enseñando a la mediocridad cómo hablar. Por el Iliso no había tediosas revistas sobre arte, en las que los aplicados parlotean de lo que no entienden. En las orillas crecidas de juncos de ese pequeño arroyo no se pavoneaba ningún periodismo ridículo monopolizando el escaño del juicio cuando debería estar disculpándose en el banquillo de los acusados. Los griegos no tenían críticos de arte.

GILBERT. Ernest, eres encantador, pero tus opiniones son terriblemente desacertadas. Me temo que has estado escuchando la conversación de alguien mayor que tú. Eso es siempre algo peligroso, y si permites que degenere en un hábito lo encontrarás absolutamente fatal para cualquier desarrollo intelectual. En cuanto al periodismo moderno, no es asunto mío defenderlo. Justifica su propia existencia por el gran principio darwiniano de la supervivencia del más vulgar. A mí sólo me incumbe la literatura.

ERNEST. Pero, ¿cuál es la diferencia entre literatura y periodismo?

GILBERT. ¡Oh! el periodismo es ilegible y la literatura no es leída. Eso es todo. Pero con respecto a tu afirmación de que los griegos no tenían críticos de arte, te aseguro que es bastante absurda. Sería más justo decir que los griegos eran una nación de críticos de arte.

ERNEST. ¿De verdad?

GILBERT. Sí, una nación de críticos de arte. Pero no deseo destruir el cuadro deliciosamente irreal que has trazado de la relación del artista helénico con el espíritu intelectual de su época. Dar una descripción exacta de lo que nunca ha ocurrido no es sólo la ocupación propia del historiador, sino el privilegio inalienable de cualquier hombre de diferentes partes y cultura. Menos aún deseo hablar eruditamente. La conversación erudita es o la afectación del ignorante o la profesión del desempleado mental. Y, en cuanto a lo que se llama mejorar la conversación, no es más que el método tonto con el que el aún más tonto filántropo intenta débilmente desarmar el justo rencor de las clases criminales. No, permíteme que toque al piano alguna locura escarlata de Dvorak. Las figuras pálidas del tapiz nos sonríen y los pesados párpados de mi Narciso de bronce se pliegan dormidos. No discutamos nada solemnemente. Soy demasiado consciente del hecho de que hemos nacido en una época en la que sólo se trata con seriedad a los aburridos, y vivo aterrorizado por no ser malinterpretado. No me degrades a la posición de darte información útil. La educación es algo admirable, pero es bueno recordar de vez en cuando que nada que merezca la pena saberse puede enseñarse. A través de las cortinas abiertas de la ventana veo la luna como una pieza de plata recortada. Como abejas doradas, las estrellas se agrupan a su alrededor. El cielo es un duro zafiro hueco. Salgamos a la noche. El pensamiento es maravilloso, pero la aventura lo es aún más. ¿Quién sabe si nos encontraremos con el príncipe Florizel de Bohemia y oiremos a la bella cubana decirnos que no es lo que parece?

ERNEST. Eres horriblemente obstinado. Insisto en que discutas este asunto conmigo. Tú has dicho que los griegos eran una nación de críticos de arte. ¿Qué crítica de arte nos han dejado?

GILBERT. Mi querido Ernest, aunque no nos hubiera llegado ni un solo fragmento de crítica de arte de la época helénica o helenística, no sería menos cierto que los griegos eran una nación de críticos de arte, y que inventaron la crítica de arte igual que inventaron la crítica de todo lo demás. Porque, después de todo, ¿cuál es nuestra principal deuda con los griegos? Sencillamente, el espíritu crítico. Y, este espíritu, que ejercieron en cuestiones de religión y ciencia, de ética y metafísica, de política y educación, lo ejercieron también en cuestiones de arte y, de hecho, de las dos artes supremas y más elevadas, nos han legado el sistema de crítica más impecable que el mundo haya visto jamás.

ERNEST. ¿Pero cuáles son las dos artes supremas y más elevadas?

GILBERT. La vida y la literatura, la vida y la expresión perfecta de la vida. Los principios de la primera, tal y como los establecieron los griegos, no podemos realizarlos en una época tan empañada por falsos ideales como la nuestra. Los principios de la segunda, tal y como ellos los establecieron, son, en muchos casos, tan sutiles que apenas podemos comprenderlos. Reconociendo que el arte más perfecto es el que refleja más plenamente al hombre en toda su infinita variedad, ellos elaboraron la crítica del lenguaje, considerado a la luz del mero material de ese arte, hasta un punto al que nosotros, con nuestro sistema acentual de énfasis razonable o emocional, apenas podemos llegar, si es que podemos llegar; estudiando, por ejemplo, los movimientos métricos de una prosa tan científicamente como un músico moderno estudia la armonía y el contrapunto, y, no hace falta decirlo, con un instinto estético mucho más agudo. En esto tenían razón, como en todo. Desde la introducción de la imprenta, y el fatal desarrollo del hábito de la lectura entre las clases medias y bajas de este país, ha habido una tendencia en la literatura a apelar cada vez más al ojo, y cada vez menos al oído, que es realmente el sentido que, desde el punto de vista del arte puro, debería tratar de complacer, y por cuyos cánones de placer debería regirse siempre. Incluso la obra de Mr. Pater, que es, en conjunto, el maestro más perfecto de la prosa inglesa creando en este momento entre nosotros, se parece a menudo mucho más a una pieza de mosaico que a un pasaje musical, y parece, aquí y allá, carecer de la verdadera vida rítmica de las palabras y de la fina libertad y riqueza de efecto que tal vida rítmica produce. Nosotros, de hecho, hemos hecho de la escritura un modo definido de composición, y la hemos tratado como una forma de diseño elaborado. Los griegos, en cambio, consideraban la escritura simplemente como un método de crónica. Su prueba fue siempre la palabra hablada en sus relaciones musicales y métricas. La voz era el medio, y el oído el crítico. A veces he pensado que la historia de la ceguera de Homero podría ser realmente un mito artístico, creado en los días críticos, y servir para recordarnos, no sólo que el gran poeta es siempre un vidente, que ve menos con los ojos del cuerpo que con los del alma, sino que también es un verdadero cantante, que construye su canción a partir de la música, repitiendo cada verso una y otra vez para sí mismo hasta que ha captado el secreto de su melodía, canturreando en la oscuridad las palabras que están aladas de luz. Ciertamente, sea esto así o no, fue a su ceguera, como ocasión, si no como causa, a lo que el gran poeta de Inglaterra debió gran parte del majestuoso movimiento y del sonoro esplendor de su verso posterior. Cuando Milton ya no pudo escribir empezó a cantar. ¿Quién igualaría los compases de Comus con los de *Sansón Agonistes*, o los de *Paraíso perdido* o *recuperado?* Cuando Milton se quedó ciego compuso, como todo el mundo debería componer, con la voz puramente, y así la pipa o la caña de antes se convirtió en ese poderoso órgano de muchos registros cuya rica música reverberante tiene toda la majestuosidad del verso homérico, si no busca tener su rapidez, y es la única herencia imperecedera de la literatura inglesa que barre a través de todas las épocas, porque está por encima de ellas, y permanece con nosotros siempre, siendo inmortal en su forma. Sí, la escritura ha hecho mucho daño a los escritores. Debemos volver a la voz. Esa debe ser nuestra prueba, y quizá entonces seamos capaces de apreciar algunas de las sutilezas de la crítica de arte griega.

Tal como están las cosas ahora, no podemos hacerlo. A veces, cuando he escrito una pieza de prosa que he tenido la modestia de considerar absolutamente libre de faltas, me asalta el espantoso pensamiento de que puedo haber sido culpable del inmoral afeminamiento de utilizar movimientos trocaicos y tribraquicos, un crimen por el que un erudito crítico de la época de Augusto censura con la más justa severidad al brillante aunque algo paradójico Hegesias. Me da frío cuando pienso en ello, y me pregunto si el admirable efecto ético de la prosa de ese encantador escritor, que una vez proclamó con un espíritu de temeraria generosidad hacia la parte inculta de nuestra comunidad la monstruosa doctrina de que la conducta es las tres cuartas partes de la vida, no se verá algún día totalmente aniquilado por el descubrimiento de que los peanes han sido mal colocados.

ERNEST. ¡Ah! Ahora eres frívolo.

GILBERT. ¿Quién no sería frívolo cuando le dicen con seriedad que los griegos no tenían críticos de arte? Puedo entender que se diga que el genio constructivo de los griegos se perdió en la crítica, pero no que la raza a la que debemos el espíritu crítico no criticara. No me pedirás que te haga un repaso de la crítica de arte griega desde Platón hasta Plotino. La noche es demasiado hermosa para eso, y la luna, si nos oyera, pondría más cenizas en su rostro de las que ya hay. Pero pensemos simplemente en una pequeña obra perfecta de crítica estética, el *Tratado sobre la poesía* de Aristóteles. No es perfecta en la forma, pues está mal escrita, compuesta tal vez de notas o apuntes para una conferencia sobre arte, o de fragmentos aislados destinados a algún libro mayor, pero en el temperamento y el tratamiento es perfecta, absolutamente. El efecto ético del arte, su importancia para la cultura y su lugar en la formación del carácter, habían sido tratados de una vez por todas por Platón; pero aquí tenemos el arte tratado, no desde el punto de vista moral, sino desde el puramente estético. Por supuesto, Platón había tratado muchos temas definitivamente artísticos, como la importancia de la unidad en una obra de arte, la necesidad del tono y la armonía, el valor estético de las apariencias, la relación de las artes visibles con el mundo exterior y la relación de la ficción con la realidad. Quizás fue él quien primero despertó en el alma del hombre ese deseo que aún no hemos satisfecho, el deseo de conocer la conexión entre la Belleza y la Verdad, y el lugar de la Belleza en el orden moral e intelectual del *Kosmos*. Los problemas del idealismo y el realismo, tal y como él los expone, pueden parecer a muchos un tanto estériles de resultados en la esfera metafísica del ser abstracto en la que los sitúa, pero trasládalos a la esfera del arte y descubrirás que siguen siendo vitales y llenos de significado. Puede que sea como crítico de la Belleza como Platón está destinado a vivir, y que alterando el nombre de la esfera de su especulación encontremos una nueva filosofía. Pero Aristóteles, al igual que Goethe, se ocupa del arte principalmente en sus manifestaciones concretas, tomando la Tragedia, por ejemplo, e investigando el material que utiliza, que es el lenguaje, su tema, que es la vida, el método por el que trabaja, que es la acción, las condiciones bajo las que se revela, que son las de la presentación teatral, su estructura lógica, que es la trama, y su apelación estética final, que es al sentido de la belleza realizado a través de las pasiones de la piedad y el temor. Esa purificación y espiritualización de la naturaleza que él llama κάθαρσις es, como vio Goethe, esencialmente estética, y no es moral, como se le antojó a Lessing. Preocupándose ante todo por la impresión que produce la obra de arte, Aristóteles se propone analizar esa impresión, investigar su fuente, ver cómo se engendra. Como fisiólogo y psicólogo, sabe que la salud de una función reside en la energía. Tener capacidad para una pasión y no realizarla, es hacerse incompleto y limitado. El espectáculo mímico de la vida que ofrece la Tragedia limpia el pecho de muchas «cosas peligrosas» y, al presentar objetos elevados y dignos para el ejercicio de las emociones, purifica y espiritualiza al hombre; es más, no sólo lo espiritualiza, sino que también lo inicia en sentimientos nobles de los que de otro modo podría no haber sabido nada, la palabra κάθαρσις tiene, me ha parecido a veces, una alusión definitiva al rito de iniciación, si es que no es ése, como a veces me siento tentado de imaginar, su verdadero y único significado aquí. Esto es, por supuesto, un mero esbozo del libro. Pero ya ves qué perfecta pieza de crítica estética es. ¿Quién sino un griego podría haber analizado el arte tan bien? Después de leerlo, uno ya no se extraña de que Alejandría se dedicara tan ampliamente a la crítica de arte, y de que encontremos a los temperamentos artísticos de la época investigando cada cuestión de estilo y manera, discutiendo las grandes escuelas académicas de pintura, por ejemplo, como la escuela de Sicyon, que pretendían preservar las dignas tradiciones del modo antiguo, o las escuelas realista e impresionista, que pretendían reproducir la vida real, o los elementos de idealidad en el retrato, o el valor artístico de la forma épica en una época tan moderna como la suya, o el tema adecuado para el artista. De hecho, me temo que los temperamentos inartistas de la época se ocupaban también de cuestiones literarias y artísticas, pues las acusaciones de plagio eran interminables, y tales acusaciones proceden o bien de los finos labios incoloros de la impotencia, o bien de las bocas grotescas de aquellos que, no poseyendo nada propio, se imaginan que pueden ganarse una reputación de riqueza gritando que les han robado. Y te aseguro, querido Ernest, que los griegos parloteaban sobre pintores tanto como la gente hoy en día, y tenían sus opiniones privadas, y exposiciones por chelines, y gremios de Artes y Oficios, y movimientos prerrafaelitas, y movimientos hacia el realismo, y daban conferencias sobre arte, y escribían ensayos sobre arte, y producían sus historiadores del arte, y sus arqueólogos, y todo lo demás. Vaya, incluso los directores teatrales de las compañías itinerantes llevaban consigo a sus críticos dramáticos cuando salían de gira, y les pagaban sueldos muy suculentos por escribir reseñas laudatorias. Todo lo que, de hecho, es moderno en nuestra vida se lo debemos a los griegos. Lo que sea anacrónico se lo debemos al medievalismo. Son los griegos quienes nos han dado todo el sistema de la crítica de arte, y lo fino que era su instinto crítico puede verse por el hecho de que el material que criticaban con más cuidado era, como ya he dicho, el lenguaje. Pues el material que utiliza el pintor o el escultor es exiguo en comparación con el de las palabras. Las palabras no sólo tienen una música tan dulce como la de la viola y el laúd, un color tan rico y vivo como cualquiera de los que hacen encantador para nosotros el lienzo del veneciano o del español, y una forma plástica no menos segura y cierta que la que se revela en el mármol o en el bronce, sino que el pensamiento y la pasión y la espiritualidad son también suyas, son en verdad sólo suyas. Si los griegos no hubieran criticado nada más que el lenguaje, habrían seguido siendo los grandes críticos de arte del mundo. Conocer los principios del arte más elevado es conocer los principios de todas las artes.

Pero veo que la luna se oculta tras una nube color azufre. De entre una melena leonada a la deriva brilla como el ojo de un león. Ella teme que le hable de Luciano y Longino, de Quintiliano y Dionisio, de Plinio y Fronto y Pausanias, de todos aquellos que en el mundo antiguo escribieron o disertaron sobre cuestiones de arte. No debe tener miedo. Estoy cansado de mi expedición al abismo opaco y apagado de los hechos. Ya no me queda más que el divino μονόχρονος ηδονή de otro cigarrillo. Los cigarrillos tienen al menos el encanto de dejarle a uno insatisfecho.

ERNEST. Prueba uno de los míos. Son bastante buenos. Los consigo directamente de El Cairo. La única utilidad de nuestros *attachés* es que suministran a sus amigos un tabaco excelente. Y como la luna se ha escondido, hablemos un poco más. Estoy dispuesto a admitir que me equivoqué en lo que dije sobre los griegos. Eran, como tú has señalado, una nación de críticos de arte. Lo reconozco y lo siento un poco por ellos. Pues la facultad creativa es superior a la crítica. Realmente no hay comparación entre ellas.

GILBERT. La antítesis entre ambos es totalmente arbitraria. Sin la facultad crítica, no hay creación artística en absoluto, digna de ese nombre. Tú hablabas hace un rato de ese fino espíritu de elección y delicado instinto de selección por los que el artista realiza la vida para nosotros, y le da una perfección momentánea. Pues bien, ese espíritu de elección, ese sutil tacto de omisión, es realmente la facultad crítica en uno de sus estados de ánimo más característicos, y nadie que no posea esta facultad crítica puede crear nada en absoluto en el arte. La definición de Arnold de la literatura como crítica de la vida no era muy afortunada en la forma, pero mostraba con qué agudeza reconocía la importancia del elemento crítico en toda obra creativa.

ERNEST. Debería haber dicho que los grandes artistas trabajan inconscientemente, que eran «más sabios de lo que sabían», como, creo, comenta Emerson en alguna parte.

GILBERT. Realmente no es así, Ernest. Todo buen trabajo imaginativo es autoconsciente y deliberado. Ningún poeta canta porque deba cantar. Al menos, ningún gran poeta lo hace. Un gran poeta canta porque elige cantar. Así es ahora y así ha sido siempre. A veces somos propensos a pensar que las voces que sonaban en los albores de la poesía eran más sencillas, frescas y naturales que las nuestras, y que el mundo que miraban los primeros poetas y por el que caminaban tenía una especie de cualidad poética propia, y casi sin cambiar podía pasar a la canción. La nieve yace espesa ahora sobre el Olimpo, y sus escarpadas laderas escarpadas son sombrías y estériles, pero una vez, imaginamos, los pies blancos de las Musas rozaban el rocío de las anémonas por la mañana, y al atardecer venía Apolo a cantar a los pastores del valle. Pero en esto no hacemos más que prestar a otras épocas lo que deseamos, o creemos desear, para la nuestra. Nuestro sentido histórico está en falta. Cada siglo que produce poesía es, hasta ahora, un siglo artificial, y la obra que nos parece el producto más natural y sencillo de su tiempo es siempre el resultado del esfuerzo más autoconsciente. Créeme, Ernest, no hay buen arte sin autoconciencia, y la autoconciencia y el espíritu crítico son uno.

ERNEST. Entiendo lo que quieres decir, y hay mucho en ello. Pero seguramente admitirás que los grandes poemas del mundo primitivo, los poemas colectivos primitivos y anónimos, fueron el resultado de la imaginación de las razas, más que de la imaginación de los individuos.

GILBERT. No cuando se convirtieron en poesía. No cuando recibieron una forma bella. Porque no hay arte donde no hay estilo, y no hay estilo donde no hay unidad, y la unidad es del individuo. Sin duda Homero tenía viejas baladas e historias con las que tratar, como Shakespeare tenía crónicas y obras de teatro y novelas a partir de las cuales trabajar, pero no eran más que su material en bruto. Él los tomó y les dio forma de canción. Se convirtieron en suyas, porque él las hizo encantadoras. Las construyó a partir de la música,

Y por eso no se construyó en absoluto,
y por eso se construyó para siempre.

Cuanto más estudia uno la vida y la literatura, más fuertemente siente que detrás de todo lo maravilloso se encuentra el individuo, y que no es el momento el que hace al hombre, sino el hombre el que crea la época. De hecho, me inclino a pensar que cada mito y leyenda que nos parece brotar de la maravilla, o el terror, o la fantasía de tribu y nación, fue en su origen la invención de una sola mente. El número curiosamente limitado de los mitos me parece que apunta a esta conclusión. Pero no debemos adentrarnos en cuestiones de mitología comparada. Debemos ceñirnos a la crítica. Y lo que quiero señalar es lo siguiente. Una época que no tiene crítica es, o bien una época en la que el arte es inmóvil, hierático y se limita a la reproducción de tipos formales, o bien una época que no posee arte alguno. Ha habido épocas críticas que no han sido creativas, en el sentido ordinario de la palabra, épocas en las que el espíritu del hombre ha intentado poner en orden los tesoros de su casa del tesoro, separar el oro de la plata y la plata del plomo, contar las joyas y dar nombre a las perlas. Pero nunca ha habido una época creadora que no haya sido también crítica. Pues es la facultad crítica la que inventa nuevas formas. La tendencia de la creación es a repetirse. Es al instinto crítico al que debemos cada nueva escuela que surge, cada nuevo molde que el arte encuentra listo para su mano. Realmente no hay una sola forma que el arte utilice ahora que no nos llegue del espíritu crítico de Alejandría, donde estas formas fueron estereotipadas o inventadas o perfeccionadas. Digo Alejandría, no sólo porque fue allí donde el espíritu griego llegó a ser más consciente de sí mismo, y de hecho finalmente expiró en el escepticismo y la teología, sino porque fue a esa ciudad, y no a Atenas, a la que Roma se dirigió en busca de sus modelos, y fue a través de la supervivencia, tal como fue, de la lengua latina que la cultura vivió en absoluto. Cuando, en el Renacimiento, la literatura griega amaneció en Europa, el terreno había estado en cierta medida preparado para ella. Pero, para librarnos de los detalles de la historia, siempre fastidiosos y generalmente inexactos, digamos en general que las formas del arte se deben al espíritu crítico griego. A él debemos la epopeya, la lírica, el drama completo en cada uno de sus desarrollos, incluyendo el burlesco, el idilio, la novela romántica, la novela de aventuras, el ensayo, el diálogo, la oración, la conferencia, por la que quizá no debamos perdonarles, y el epigrama, en todo el amplio significado de esa palabra. De hecho, se lo debemos todo, excepto el soneto, al que, sin embargo, se le pueden trazar algunos curiosos paralelismos de movimiento de pensamiento en la Antología, el periodismo americano, al que no se le puede encontrar paralelo en ninguna parte, y la balada en falso dialecto escocés, que uno de nuestros escritores más industriosos ha propuesto recientemente que se convierta en la base de un esfuerzo final y unánime por parte de nuestros poetas de segunda fila para volverse realmente románticos. Cada nueva escuela, a medida que aparece, clama contra la crítica, pero es a la facultad crítica en el hombre a la que debe su origen. El mero instinto creativo no innova, sino que reproduce.

ERNEST. Tú has estado hablando de la crítica como parte esencial del espíritu creativo, y ahora acepto plenamente tu teoría. Pero, ¿qué hay de la crítica fuera de la creación? Tengo la tonta costumbre de leer publicaciones periódicas, y me parece que la mayor parte de la crítica moderna carece de todo valor.

GILBERT. Así es también la mayor parte del trabajo creativo moderno. La mediocridad pesando a la mediocridad en la balanza, y la incompetencia aplaudiendo a su hermano, ése es el espectáculo que la actividad artística de Inglaterra nos ofrece de vez en cuando. Y sin embargo, siento que soy un poco injusto en este asunto. Por regla general, los críticos —hablo, por supuesto, de la clase superior, de los que de hecho escriben para los periódicos de seis peniques— son mucho más cultos que las personas cuyas obras deben reseñar. Esto es, de hecho, sólo lo que cabría esperar, ya que la crítica exige infinitamente más cultivo que la creación.

ERNEST. ¿De verdad?

GILBERT. Ciertamente. Cualquiera puede escribir una novela de tres volúmenes. Sólo requiere un desconocimiento total tanto de la vida como de la literatura. La dificultad que me imagino que siente el crítico es la dificultad de sostener cualquier estándar. Donde no hay estilo, un estándar debe ser imposible. Los pobres críticos se ven aparentemente reducidos a ser los reporteros del tribunal policial de la literatura, los cronistas de las hazañas de los delincuentes habituales del arte. A veces se dice de ellos que no leen por completo las obras que deben criticar. No lo hacen. O al menos no deberían hacerlo. Si lo hicieran, se convertirían en misántropos empedernidos o, si se me permite tomar prestada una frase de una de las guapas graduadas de Newnham, en mujerzuelas empedernidas para el resto de sus vidas. Tampoco es necesario. Para conocer la añada y la calidad de un vino no hace falta beberse toda la barrica. Debe ser perfectamente fácil decir en media hora si un libro vale algo o no vale nada. Diez minutos son realmente suficientes, si uno tiene instinto para la forma. ¿Quién quiere vadear un volumen aburrido? Uno lo saborea, y eso es suficiente; más que suficiente, me imagino. Soy consciente de que hay muchos trabajadores honrados tanto en la pintura como en la literatura que se oponen totalmente a la crítica. Tienen toda la razón. Su trabajo no guarda ninguna relación intelectual con su época. No nos aporta ningún elemento nuevo de placer. No sugiere ningún nuevo punto de partida del pensamiento, o de la pasión, o de la belleza. No debería hablarse de ella. Debería dejarse en el olvido que merece.

ERNEST. Pero, mi querido amigo —perdona que te interrumpa—, me parece que estás permitiendo que tu pasión por la crítica te lleve demasiado lejos. Porque, después de todo, incluso tú debes admitir que es mucho más difícil hacer una cosa que hablar de ella.

GILBERT. ¿Es más difícil hacer una cosa que hablar de ella? En absoluto. Eso es un craso error popular. Es mucho más difícil hablar de una cosa que hacerla. En la esfera de la vida real eso es, por supuesto, obvio. Cualquiera puede hacer historia. Sólo un gran hombre puede escribirla. No hay ningún modo de acción, ninguna forma de emoción, que no compartamos con los animales inferiores. Sólo por el lenguaje nos elevamos por encima de ellos, o por encima de los demás: por el lenguaje, que es el padre, y no el hijo, del pensamiento. La acción, en efecto, siempre es fácil, y cuando se nos presenta en su forma más agravada, porque la más continua, que yo considero la de la verdadera industria, se convierte simplemente en el refugio de las personas que no tienen nada en absoluto que hacer. No, Ernest, no hables de acción. Es una cosa ciega, dependiente de influencias externas, y movida por un impulso de cuya naturaleza es inconsciente. Es una cosa incompleta en su esencia, porque limitada por el accidente, e ignorante de su dirección, está siempre en desacuerdo con su objetivo. Su base es la falta de imaginación. Es el último recurso de quienes no saben soñar.

ERNEST. Gilbert, tratas al mundo como si fuera una bola de cristal. La tienes en la mano y la inviertes para complacer un capricho a voluntad. No haces más que reescribir la historia.

GILBERT. El único deber que tenemos con la historia es reescribirla. Esa no es la menor de las tareas que le esperan al espíritu crítico. Cuando hayamos descubierto plenamente las leyes científicas que rigen la vida, nos daremos cuenta de que la única persona que se hace más ilusiones que el soñador es el hombre de acción. En efecto, este no conoce ni el origen de sus actos ni sus resultados. Del campo en el que creía haber sembrado espinos, hemos recogido nuestra cosecha, y la higuera que plantó para nuestro placer es tan estéril como el cardo, y más amarga. Es porque la Humanidad nunca ha sabido adónde iba que ha podido encontrar su camino.

ERNEST. ¿Crees, entonces, que en la esfera de la acción un objetivo consciente es un engaño?

GILBERT. Es peor que una ilusión. Si viviéramos lo suficiente para ver los resultados de nuestras acciones, puede que los que se llaman a sí mismos buenos se sintieran asqueados por un sordo remordimiento, y los que el mundo llama malvados, agitados por una noble alegría. Cada pequeña cosa que hacemos pasa a la gran máquina de la vida que puede moler nuestras virtudes hasta hacerlas polvo y hacerlas inútiles, o transformar nuestros pecados en elementos de una nueva civilización, más maravillosa y más espléndida que cualquiera que haya existido antes. Pero los hombres son esclavos de las palabras. Se enfurecen contra el Materialismo, como lo llaman, olvidando que no ha habido ninguna mejora material que no haya espiritualizado el mundo, y que ha habido pocos despertares espirituales, si es que ha habido alguno, que no hayan malgastado las facultades del mundo en esperanzas estériles, y aspiraciones infructuosas, y credos vacíos o atormentadores. Lo que se denomina pecado es un elemento esencial del progreso. Sin él, el mundo se estancaría, envejecería o se volvería incoloro. Por su curiosidad, el Pecado aumenta la experiencia de la raza. Mediante su afirmación intensificada del individualismo, nos salva de la monotonía del tipo. En su rechazo de las nociones corrientes sobre la moralidad, es uno con la ética superior. ¡Y en cuanto a las virtudes! ¿Qué son las virtudes? A la naturaleza, nos dice M. Renan, le importa poco la castidad, y puede que sea a la vergüenza de la Magdalena, y no a su propia pureza, a lo que las Lucrecias de la vida moderna deben ser libres de mancha. La caridad, como incluso aquellos de cuya religión forma parte formal se han visto obligados a reconocer, crea una multitud de males. La mera existencia de la conciencia, esa facultad de la que tanto alardea la gente hoy en día y de la que tan ignorantemente se enorgullece, es un signo de nuestro desarrollo imperfecto. Debe fundirse en el instinto antes de que lleguemos a estar bien. La abnegación es simplemente un método por el que el hombre detiene su progreso, y el autosacrificio una supervivencia de la mutilación del salvaje, parte de ese antiguo culto al dolor que es un factor tan terrible en la historia del mundo, y que incluso ahora hace sus víctimas día a día, y tiene sus altares en la tierra. ¡Virtudes! ¿Quién sabe lo que son las virtudes? Tú no. Ni yo. Ni nadie. Es bueno para nuestra vanidad que matemos al criminal, pues si le dejáramos vivir podría mostrarnos lo que habíamos ganado con su crimen. Es bueno para su paz que el santo vaya a su martirio. Se ahorra la visión del horror de su cosecha.

ERNEST. Gilbert, tocas una nota demasiado dura. Volvamos a los campos más graciosos de la literatura. ¿Qué fue lo que dijiste? ¿Que era más difícil hablar de una cosa que hacerla?

GILBERT *(tras una pausa)*. Sí, creo que me aventuré a decir esa simple verdad. Seguro que ahora ves que tengo razón. Cuando el hombre actúa es una marioneta. Cuando describe es un poeta. Todo el secreto reside en eso. Era bastante fácil en las llanuras arenosas junto a la ventosa Ilión lanzar la flecha dentada del arco pintado, o arrojar contra el escudo de piel y el latón flamígero la larga lanza de mango de fresno. Fue fácil para la reina adúltera extender las alfombras tirias para su señor, y luego, mientras él yacía tumbado en el baño de mármol, arrojar sobre su cabeza la red púrpura, y llamar a su amante de rostro liso para que apuñalara a través de las mallas el corazón que debería haberse roto en Aulis. Para Antígona incluso, con la Muerte esperándola como su novio, era fácil atravesar el aire contaminado al mediodía, y subir a la colina, y esparcir con tierra bondadosa el miserable cadáver desnudo que no tenía tumba. Pero, ¿qué hay de aquellos que escribieron sobre estas cosas? ¿Qué hay de quienes les dieron realidad y las hicieron vivir para siempre? ¿Acaso no son más grandes que los hombres y mujeres a los que cantan? «Héctor, ese dulce caballero, ha muerto», y Luciano nos cuenta cómo en el oscuro mundo subterráneo Menipo vio el cráneo blanqueado de Helena, y se maravilló de que fuera por un favor tan sombrío por lo que todos esos barcos con cuernos fueron botados, esos hermosos hombres de correo abatidos, esas ciudades elevadas convertidas en polvo. Sin embargo, cada día la hija de Leda, que parece un cisne, sale a las almenas y contempla la marea de la guerra. Los barbas grises se maravillan de su hermosura, y ella permanece al lado del rey. En su cámara de marfil manchado yace su amante. Está puliendo su delicada armadura y peinando el penacho escarlata. Con escudero y paje, su marido pasa de tienda en tienda. Ella puede ver su brillante cabello, y oye, o imagina que oye, esa voz clara y fría. En el patio de abajo, el hijo de Príamo se está abrochando su coraza de bronce. Los blancos brazos de Andrómaca le rodean el cuello. Pone su yelmo en el suelo, para que su bebé no se asuste. Detrás de las cortinas bordadas de su pabellón se sienta Aquiles, en perfumadas vestiduras, mientras que en arneses de oro y plata se dispone el amigo de su alma para salir a la lucha. De un cofre curiosamente tallado que su madre Tetis había traído a su nave, el señor de los mirmidones saca aquel cáliz místico que el labio del hombre nunca había tocado, y lo limpia con azufre, y con agua fresca lo enfría, y, tras lavarse las manos, llena de vino negro su bruñido hueco, y derrama la espesa sangre de la uva sobre el suelo en honor de Aquel a quien en Dodona los profetas descalzos adoraron, y le reza, y no sabe que reza en vano, y que por las manos de dos caballeros de Troya, el hijo de Pántoo, Euphorbo, cuyos lazos de amor fueron enlazados con oro, y el priamido, el de corazón de león, Patroclo, el camarada de camaradas, debe encontrar su perdición. ¿Son fantasmas? ¿Héroes de la niebla y la montaña? ¿Sombras en una canción? No, son reales. ¡Acción! ¿Qué es la acción? Muere en el momento de su energía. Es una vil concesión a los hechos. El mundo está hecho por el cantante para el soñador.

ERNEST. Mientras hablas me parece que es así.

GILBERT. Así es en verdad. En la ciudadela enmohecida de Troya yace el lagarto como una cosa de bronce verde. La lechuza ha construido su nido en el palacio de Príamo. Por la llanura vacía deambulan el pastor y el pastor con sus rebaños, y donde, sobre el mar aceitoso y cubierto de vino, οινοψ πόντος, como lo llama Homero, teñido de cobre y salpicado de bermellón, las grandes galeras de los danaos llegan en su brillante media luna, el solitario pescador de atunes se sienta en su pequeña barca y observa los corchos bamboleantes de su red. Sin embargo, cada mañana las puertas de la ciudad se abren de par en par, y a pie, o en carro tirado por caballos, los guerreros salen a la batalla, y se burlan de sus enemigos desde detrás de sus máscaras de hierro. Durante todo el día la lucha se recrudece, y cuando llega la noche las antorchas brillan junto a las tiendas, y la cresta arde en el salón. Aquellos que viven en mármol o en un panel pintado, no conocen de la vida más que un único instante exquisito, eterno ciertamente en su belleza, pero limitado a una nota de pasión o a un estado de ánimo de calma. Aquellos a quienes el poeta hace vivir tienen su miríada de emociones de alegría y terror, de coraje y desesperación, de placer y sufrimiento. Las estaciones van y vienen en alegre o triste desfile, y con pies alados o de plomo los años pasan ante ellos. Tienen su juventud y su virilidad, son niños y envejecen. Siempre amanece para Santa Elena, como la vio Veronese en la ventana. A través del aire quieto de la mañana, los ángeles le traen el símbolo del dolor de Dios. Las frescas brisas de la mañana levantan los hilos dorados de su frente. En esa pequeña colina junto a la ciudad de Florencia, donde yacen los amantes de Giorgione, es siempre el solsticio del mediodía, de un mediodía hecho tan lánguido por los soles de verano que apenas puede la esbelta muchacha desnuda sumergir en el tanque de mármol la redonda burbuja de cristal transparente, y los largos dedos del laudista descansan ociosos sobre los acordes. Siempre es crepúsculo para las ninfas bailarinas que Corot liberó entre los álamos plateados de Francia. En el crepúsculo eterno se mueven, esas frágiles figuras diáfanas, cuyos trémulos pies blancos parecen no tocar la hierba empapada de rocío que pisan. Pero aquellos que caminan en la epopeya, el drama o el romance, ven a través de los meses laboriosos las jóvenes lunas crecer y menguar, y observan la noche desde el atardecer hasta el lucero del alba, y desde el amanecer hasta el ocaso pueden notar el día cambiante con todo su oro y sombra. Para ellas, como para nosotros, las flores florecen y se marchitan, y la Tierra, esa diosa vestida de verde como la llama Coleridge, altera su vestimenta para su placer. La estatua se concentra en un momento de perfección. La imagen manchada sobre el lienzo no posee ningún elemento espiritual de crecimiento o cambio. Si no saben nada de la muerte, es porque saben poco de la vida, ya que los secretos de la vida y de la muerte pertenecen a aquellos, y sólo a aquellos, a quienes afecta la secuencia del tiempo, y que poseen no sólo el presente sino el futuro, y pueden elevarse o caer desde un pasado de gloria o de vergüenza. El movimiento, ese problema de las artes visibles, sólo puede ser verdaderamente realizado por la Literatura. Es la Literatura la que nos muestra el cuerpo en su rapidez y el alma en su inquietud.

ERNEST. Sí, ahora entiendo lo que quieres decir. Pero, sin duda, cuanto más alto sitúes al artista creador, más bajo debes situar al crítico.

GILBERT. ¿Por qué?

ERNEST. Porque lo mejor que pueda darnos no será más que el eco de una rica música, una tenue sombra de una forma bien delineada. Puede ser, en efecto, que la vida sea un caos, como tú me dices que es; que sus martirios sean mezquinos y sus heroísmos innobles; y que sea función de la Literatura crear, a partir del material en bruto de la existencia real, un mundo nuevo que sea más maravilloso, más duradero y más verdadero que el mundo que contemplan los ojos comunes y a través del cual las naturalezas comunes tratan de realizar su perfección. Pero seguramente, si este nuevo mundo ha sido hecho por el espíritu y el tacto de un gran artista, será una cosa tan completa y perfecta que no quedará nada por hacer para el crítico. Ahora entiendo perfectamente, y de hecho lo admito de buen grado, que es mucho más difícil hablar de una cosa que hacerla. Pero me parece que esta máxima sana y sensata, que es realmente sumamente tranquilizadora para los sentimientos, y que debería ser adoptada como lema por todas las Academias de Literatura del mundo, se aplica únicamente a las relaciones que existen entre el Arte y la Vida, y no a las relaciones que pueda haber entre el Arte y la Crítica.

GILBERT. Pero, sin duda, la Crítica es en sí misma un arte. Y del mismo modo que la creación artística implica el funcionamiento de la facultad crítica y, de hecho, sin ella no puede decirse que exista en absoluto, la Crítica es realmente creativa en el sentido más elevado de la palabra. El criticismo es, de hecho, a la vez creativo e independiente.

ERNEST. ¿Independiente?

GILBERT. Sí, independiente. La crítica no debe juzgarse por ningún rasero bajo de imitación o semejanza, como tampoco debe juzgarse la obra del poeta o del escultor. El crítico ocupa la misma relación con la obra de arte que critica que el artista con el mundo visible de la forma y el color, o el mundo invisible de la pasión y el pensamiento. Ni siquiera requiere para la perfección de su arte los materiales más finos. Cualquier cosa servirá a su propósito. Y del mismo modo que Gustave Flaubert fue capaz de crear un clásico y de hacer una obra maestra del estilo a partir de los amores sórdidos y sentimentales de la tonta esposa de un pequeño médico rural del mísero pueblo de Yonville-l'Abbaye, cerca de Rouen, así, a partir de temas de poca o ninguna importancia, como los cuadros de la Royal Academy de este año, o de la Royal Academy de cualquier año para el caso, los poemas de Mr. Lewis Morris, las novelas de M. Ohnet o las obras de teatro de Mr. Henry Arthur Jones, el verdadero crítico puede, si le place dirigir o derrochar así su facultad de contemplación, producir una obra que será impecable en belleza e instintiva en sutileza intelectual. ¿Por qué no? La dulzura es siempre una tentación irresistible para la brillantez, y la estupidez es la *Bestia Trionfans* permanente que llama a la sabiduría desde su cueva. Para un artista tan creativo como el crítico, ¿qué significa el tema? Ni más ni menos que lo que significa para el novelista y el pintor. Como ellos, puede encontrar sus motivos en todas partes. El tratamiento es la prueba. No hay nada que no tenga en sí sugerencia o desafío.

ERNEST. Pero, ¿es realmente la crítica un arte creativo?

GILBERT. ¿Por qué no habría de serlo? Trabaja con materiales y los pone en una forma que es a la vez nueva y deliciosa. ¿Qué más se puede decir de la poesía? De hecho, yo llamaría a la crítica una creación dentro de una creación. Porque al igual que los grandes artistas, desde Homero y Esquilo hasta Shakespeare y Keats, no fueron directamente a la vida en busca de su materia, sino que la buscaron en el mito, la leyenda y el cuento antiguo, así el crítico trata con materiales que otros, por así decirlo, han purificado para él, y a los que ya se ha añadido forma y color imaginativos. Es más, yo diría que la Crítica más elevada, al ser la forma más pura de impresión personal, es a su modo más creativa que la creación, ya que tiene menos referencia a una norma externa a ella misma, y es, de hecho, su propia razón de existir, y, como dirían los griegos, en sí misma, y para sí misma, un fin. Ciertamente, nunca está atada por ningún grillete de verosimilitud. Ninguna innoble consideración de probabilidad, esa cobarde concesión a las tediosas repeticiones de la vida doméstica o pública, la afectan jamás. Se puede apelar de la ficción a los hechos. Pero desde el alma no se apela.

ERNEST. ¿Desde el alma?

GILBERT. Sí, desde el alma. Eso es lo que realmente es la crítica más elevada, el registro de la propia alma. Es más fascinante que la historia, ya que se ocupa simplemente de uno mismo. Es más deliciosa que la filosofía, ya que su tema es concreto y no abstracto, real y no vago. Es la única forma civilizada de autobiografía, ya que no trata de los acontecimientos, sino de los pensamientos de la propia vida; no de los accidentes físicos de la vida, de hechos o circunstancias, sino de los estados de ánimo espirituales y las pasiones imaginativas de la mente. Siempre me divierte la tonta vanidad de aquellos escritores y artistas de nuestros días que parecen imaginar que la función primordial del crítico es parlotear sobre sus obras de segunda categoría. Lo mejor que se puede decir de la mayor parte del arte creativo moderno es que es sólo un poco menos vulgar que la realidad y por eso el crítico, con su fino sentido de la distinción y su seguro instinto de delicado refinamiento, preferirá mirarse en el espejo de plata o a través del velo tejido y apartará sus ojos del caos y el clamor de la existencia real, aunque el espejo esté empañado y el velo rasgado. Su único objetivo es hacer la crónica de sus propias impresiones. Para él se pintan cuadros, se escriben libros y se talla el mármol.

ERNEST. Me parece haber oído otra teoría sobre la crítica.

GILBERT. Sí, ha dicho alguien cuya graciosa memoria todos veneramos y la música de cuya pipa atrajo una vez a Proserpina de sus campos sicilianos e hizo que esos pies blancos agitaran, y no en vano, las prímulas de Cumnor, que el objetivo propio de la Crítica es ver el objeto como en sí mismo es realmente. Pero esto es un error muy grave y no tiene en cuenta la forma más perfecta de la Crítica, que es en su esencia puramente subjetiva y busca revelar su propio secreto y no el secreto de otro. Pues la Crítica más elevada se ocupa del arte no como algo expresivo, sino como, puramente, fuente de impresiones.

ERNEST. ¿Pero es realmente así?

GILBERT. Por supuesto que sí. ¿A quién le importa si las opiniones de Mr. Ruskin sobre Turner son acertadas o no? ¿Qué importa? Esa poderosa y majestuosa prosa suya, tan férvida y tan ardiente en su noble elocuencia, tan rica en su elaborada música sinfónica, tan segura y certera, en su mejor momento, en la sutil elección de la palabra y el epíteto, es al menos una obra de arte tan grande como cualquiera de esas maravillosas puestas de sol que se blanquean o se pudren en sus corruptos lienzos de la Galería de Inglaterra; de hecho, a veces uno se siente inclinado a pensar que es mayor, no sólo porque su belleza sea más duradera, sino por la mayor variedad de su atractivo, porque el alma habla al alma en esas largas líneas cadenciosas, no sólo a través de la forma y el color, aunque a través de ellos, por supuesto, completamente y sin pérdida, sino con la expresión intelectual y emocional, con la pasión elevada y con el pensamiento más elevado, con la perspicacia imaginativa y con el objetivo poético; mayor, siempre pienso, incluso porque la literatura es el arte mayor. Por otra parte, ¿a quién le importa si Mr. Pater ha puesto en el retrato de Monna Lisa algo que Leonardo nunca soñó? Puede que el pintor no haya sido más que el esclavo de una sonrisa arcaica, como algunos han fantaseado, pero cada vez que paseo por las frías galerías del palacio del Louvre, y me paro ante esa extraña figura «instalada en su silla de mármol en ese circo de rocas fantásticas, como en una tenue luz bajo el mar», murmuro para mis adentros: «Ella es más vieja que las rocas entre las que está sentada; como el vampiro, ha estado muerta muchas veces, y ha aprendido los secretos de la tumba; y ha buceado en mares profundos, y guarda su día caído sobre ella: y traficó por extrañas telarañas con mercaderes orientales; y, como Leda, fue la madre de Helena de Troya, y, como Santa Ana, la madre de María; y todo esto no ha sido para ella más que el sonido de liras y flautas, y sólo vive en la delicadeza con que ha moldeado los cambiantes lineamientos, y teñido los párpados y las manos». Y le digo a mi amigo: «La presencia que así tan extrañamente se alzó junto a las aguas es expresiva de lo que en los caminos de mil años el hombre había llegado a desear»; y él me responde: «La suya es la cabeza sobre la que han venido todos "los confines del mundo", y los párpados están un poco cansados».

Y así el cuadro se nos vuelve más maravilloso de lo que realmente es, y nos revela un secreto del que, en verdad, no sabe nada, y la música de la prosa mística es tan dulce a nuestros oídos como lo fue aquella música de flautista que prestó a los labios de *La Gioconda* esas curvas sutiles y venenosas. ¿Me preguntan qué habría dicho Leonardo si alguien le hubiera dicho de este cuadro que «todos los pensamientos y la experiencia del mundo habían grabado y moldeado en él lo que tenían de poder para refinar y hacer expresiva la forma exterior, el animalismo de Grecia, la lujuria de Roma, el ensueño de la Edad Media con su ambición espiritual y sus amores imaginativos, el retorno del mundo pagano, los pecados de los Borgia»? Probablemente habría respondido que no había contemplado ninguna de estas cosas, sino que se había preocupado simplemente de ciertas disposiciones de líneas y masas, y de nuevas y curiosas armonías cromáticas de azul y verde. Y es por esta misma razón por la que la crítica que he citado es una crítica del tipo más elevado. Trata la obra de arte simplemente como un punto de partida para una nueva creación. No se limita —supongámoslo, al menos por el momento— a descubrir la verdadera intención del artista y aceptarla como definitiva. Y en esto tiene razón, pues el significado de cualquier cosa bella creada está, al menos, tanto en el alma de quien la mira como en la de quien la forjó. Es más, es sobre todo el observador quien confiere a la cosa bella sus innumerables significados y la hace maravillosa para nosotros y la sitúa en alguna nueva relación con la época, de modo que se convierte en una parte vital de nuestras vidas y en un símbolo de aquello por lo que rezamos, o tal vez de aquello que, habiendo rezado, tememos recibir. Cuanto más tiempo estudio, Ernest, más claramente veo que la belleza de las artes visibles es, como la belleza de la música, principalmente impresionante, y que puede verse empañada, y de hecho a menudo es así, por cualquier exceso de intención intelectual por parte del artista. Porque cuando la obra está terminada tiene, por así decirlo, una vida propia independiente, y puede transmitir un mensaje muy distinto del que se puso en sus labios para que dijera. A veces, cuando escucho la obertura de *Tannhäuser*, me parece en efecto ver a ese apuesto caballero pisando delicadamente la hierba sembrada de flores, y oír la voz de Venus llamándole desde la colina cavernosa. Pero otras veces me habla de mil cosas diferentes, de mí mismo, puede ser, y de mi propia vida, o de las vidas de otros a los que uno ha amado y se ha cansado de amar, o de las pasiones que el hombre ha conocido, o de las pasiones que el hombre no ha conocido, y por eso las ha buscado. Esta noche puede que le llene a uno con ese ΕΡΩΣ ΤΩΝ ΑΔΥΝΑΤΩΝ, ese *Amour de l'Impossible*, que cae como una locura sobre muchos que creen vivir seguros y fuera del alcance del mal, de modo que enferman repentinamente con el veneno del deseo ilimitado y, en la búsqueda infinita de lo que no pueden obtener, desfallecen y se desmayan o tropiezan. Mañana, como la música de la que nos hablan Aristóteles y Platón, la noble música dórica de los griegos, puede desempeñar el oficio de un médico, y darnos un analgésico contra el dolor, y curar el espíritu que está herido, y «poner el alma en armonía con todas las cosas correctas». Y lo que es cierto sobre la música lo es sobre todas las artes. La belleza tiene tantos significados como estados de ánimo tiene el hombre. La belleza es el símbolo de los símbolos. La belleza lo revela todo, porque no expresa nada. Cuando se nos muestra a sí misma, nos muestra todo el mundo de color ardiente.

ERNEST. Pero, ¿un trabajo como el que has comentado es realmente una crítica?

GILBERT. Es la Crítica más elevada, porque critica no sólo la obra de arte individual, sino la Belleza misma, y llena de asombro una forma que el artista puede haber dejado vacía, o no haber comprendido, o haber comprendido de forma incompleta.

ERNEST. La Crítica más elevada, entonces, es más creativa que la creación y el objetivo primordial del crítico es ver el objeto como en sí mismo realmente no es; ¿esa es tu teoría, creo?

GILBERT. Sí, esa es mi teoría. Para el crítico, la obra de arte es simplemente una sugerencia para una nueva obra propia, que no tiene por qué guardar ningún parecido evidente con aquello que critica. La única característica de una forma bella es que uno puede poner en ella lo que desee, y ver en ella lo que decida ver; y la Belleza, que da a la creación su elemento universal y estético, convierte al crítico en un creador a su vez, y susurra mil cosas diferentes que no estaban presentes en la mente de quien esculpió la estatua o pintó el panel o grabó la gema.

A veces se dice, por quienes no comprenden ni la naturaleza de la Crítica más elevada ni el encanto del Arte más elevado, que los cuadros sobre los que más le gusta escribir al crítico son aquellos que pertenecen al anecdotario de la pintura, y que tratan de escenas sacadas de la literatura o de la historia. Pero esto no es así. De hecho, los cuadros de este tipo son demasiado inteligibles. Como clase, están a la altura de las ilustraciones, e incluso considerados desde este punto de vista son un fracaso, ya que no agitan la imaginación, sino que le ponen límites definidos. Pues el dominio del pintor es, como he sugerido antes, muy diferente del del poeta. A este último le pertenece la vida en su totalidad plena y absoluta; no sólo la belleza que los hombres miran, sino también la belleza que los hombres escuchan; no sólo la gracia momentánea de la forma o la alegría pasajera del color, sino toda la esfera del sentimiento, el ciclo perfecto del pensamiento. El pintor está tan limitado que sólo a través de la máscara del cuerpo puede mostrarnos el misterio del alma; sólo a través de las imágenes convencionales puede manejar las ideas; sólo a través de sus equivalentes físicos puede tratar la psicología. Y ¡cuán inadecuadamente lo hace entonces, pidiéndonos que aceptemos el turbante rasgado del moro por la noble furia de Otelo, o a un dotardo en una tormenta por la salvaje locura de Lear! Sin embargo, parece como si nada pudiera detenerle. La mayoría de nuestros ancianos pintores ingleses gastan sus malvadas y malgastadas vidas en hurgar en el dominio de los poetas, estropeando sus motivos con un tratamiento torpe, y esforzándose por representar, mediante la forma o el color visibles, la maravilla de lo invisible, el esplendor de lo que no se ve. Sus cuadros son, como consecuencia natural, insufriblemente tediosos. Han degradado las artes invisibles en artes obvias, y lo único que no merece la pena mirar es lo obvio. No digo que el poeta y el pintor no puedan tratar el mismo tema. Siempre lo han hecho y siempre lo harán. Pero mientras que el poeta puede ser pictórico o no, según elija, el pintor debe serlo siempre. Porque un pintor está limitado, no a lo que ve en la naturaleza, sino a lo que sobre el lienzo puede verse.

Y así, mi querido Ernest, los cuadros de este tipo no fascinarán realmente al crítico. Se desviará de ellos hacia obras que le hagan cavilar, soñar y fantasear, hacia obras que posean la sutil cualidad de la sugestión y parezcan decirle a uno que incluso desde ellas hay una escapatoria hacia un mundo más amplio. A veces se dice que la tragedia de la vida de un artista es no poder realizar su ideal. Pero la verdadera tragedia que persigue los pasos de la mayoría de los artistas es que realizan su ideal de forma demasiado absoluta. Porque, cuando el ideal se realiza, queda despojado de su maravilla y su misterio, y se convierte simplemente en un nuevo punto de partida para un ideal que es distinto de sí mismo. Esta es la razón por la que la música es el tipo de arte perfecto. La música nunca puede revelar su secreto último. Esta es también la explicación del valor de las limitaciones en el arte. El escultor renuncia gustosamente al color imitativo, y el pintor a las dimensiones reales de la forma, porque con tales renuncias pueden evitar una presentación demasiado definida de lo Real, que sería mera imitación, y una realización demasiado definida del Ideal, que sería demasiado puramente intelectual. Es a través de su propia incompletud que el arte se completa en la belleza, y así se dirige, no a la facultad de reconocimiento ni a la facultad de la razón, sino únicamente al sentido estético, que, si bien acepta tanto la razón como el reconocimiento como etapas de la aprehensión, subordina ambas a una impresión sintética pura de la obra de arte en su conjunto y, tomando los elementos emocionales ajenos que pueda poseer la obra, utiliza su propia complejidad como medio por el cual puede añadirse una unidad más rica a la propia impresión última. Ya ves, pues, cómo el crítico estético rechaza estos modos obvios del arte que no tienen más que un mensaje que entregar, y que una vez entregado se vuelven mudos y estériles, y busca más bien modos que sugieran ensueño y estado de ánimo, y que por su belleza imaginativa hagan que todas las interpretaciones sean verdaderas, y que ninguna interpretación sea definitiva. Alguna semejanza, sin duda, tendrá la obra creativa del crítico con la obra que le ha impulsado a la creación, pero será tal semejanza como la que existe, no entre la Naturaleza y el espejo que el pintor de paisajes o de figuras puede suponer que le tiende, sino entre la Naturaleza y la obra del artista decorativo. Del mismo modo que en las alfombras sin flores de Persia, el tulipán y la rosa florecen de verdad y son encantadores a la vista, aunque no se reproduzcan en forma o línea visibles; del mismo modo que la perla y la púrpura de la concha marina tienen eco en la iglesia de San Marcos en Venecia; al igual que el techo abovedado de la maravillosa capilla de Rávena se hace magnífico por el oro y el verde y el zafiro de la cola del pavo real, aunque los pájaros de Juno no vuelen por él; así el crítico reproduce la obra que critica de un modo que nunca es imitativo, y parte de cuyo encanto puede consistir realmente en el rechazo del parecido, y nos muestra de este modo no sólo el significado sino también el misterio de la Belleza y, al transformar cada arte en literatura, resuelve de una vez por todas el problema de la unidad del Arte.

Pero veo que es hora de cenar. Después de haber discutido un poco bebiendo un Chambertin y comiendo unos cuantos ortolanos, pasaremos a la cuestión del crítico considerado a la luz del intérprete.

ERNEST. ¡Ah! Admites, entonces, que al crítico se le puede permitir ocasionalmente ver el objeto como en sí mismo es realmente.

GILBERT. No estoy muy seguro. Quizá lo admita después de la cena. Hay una sutil influencia en la cena.

PARTE II

ERNEST. Los ortolanos fueron deliciosos y el Chambertin perfecto, y ahora volvamos al punto en cuestión.

GILBERT. ¡Ah! No hagamos eso. La conversación debe tocarlo todo pero no debe concentrarse en nada. Hablemos de la *Indignación moral, su causa y su cura,* un tema sobre el que pienso escribir, o sobre *La supervivencia de Tersites,* como la muestran los periódicos cómicos ingleses, o sobre cualquier tema que pueda surgir.

ERNEST. No, quiero hablar del crítico y de la crítica. Tú me has dicho que la crítica más elevada se ocupa del arte, no como algo expresivo, sino como algo puramente impresionante, y que en consecuencia es a la vez creativa e independiente, es de hecho un arte por sí misma, que ocupa la misma relación con el trabajo creativo que el trabajo creativo con el mundo visible de la forma y el color, o el mundo invisible de la pasión y del pensamiento. Ahora, dime, ¿no será a veces el crítico un verdadero intérprete?

GILBERT. Sí, el crítico será un intérprete, si así lo desea. Puede pasar de su impresión sintética de la obra de arte en su conjunto a un análisis o exposición de la obra en sí, y en esta esfera inferior, como yo la considero, se pueden decir y hacer muchas cosas deliciosas. Sin embargo, su objetivo no siempre será explicar la obra de arte. Puede que busque más bien profundizar en su misterio, levantar en torno a ella, y en torno a su creador, esa niebla de asombro que tanto gusta a los dioses como a los adoradores. La gente corriente está «terriblemente a gusto en Sión». Se proponen caminar del brazo con los poetas y tienen una manera ignorante y simplona de decir: «¿Por qué deberíamos leer lo que se escribe sobre Shakespeare y Milton? Podemos leer las obras de teatro y los poemas. Con eso basta». Pero la apreciación de Milton es, como comentó una vez el difunto rector de Lincoln, la recompensa de una erudición consumada. Y aquel que desee comprender verdaderamente a Shakespeare debe entender las relaciones en las que se encontraba Shakespeare con el Renacimiento y la Reforma, con la época de Isabel y la época de Jacobo; debe estar familiarizado con la historia de la lucha por la supremacía entre las viejas formas clásicas y el nuevo espíritu del romance, entre la escuela de Sidney, y Daniel, y Johnson, y la escuela de Marlowe y el hijo mayor de Marlowe; debe conocer los materiales que estaban a disposición de Shakespeare, y el método con que los utilizó, y las condiciones de la representación teatral en los siglos XVI y XVII, sus limitaciones y sus oportunidades de libertad, y la crítica literaria de la época de Shakespeare, sus objetivos, modos y cánones; debe estudiar la lengua inglesa en su progreso, y el verso blanco o rimado en sus diversos desarrollos; debe estudiar el drama griego, y la conexión entre el arte del creador del Agamenón y el arte del creador de Macbeth; en una palabra, debe ser capaz de vincular el Londres isabelino con la Atenas de Pericles, y de conocer la verdadera posición de Shakespeare en la historia del drama europeo y del drama del mundo. El crítico será sin duda un intérprete, pero no tratará al Arte como a una Esfinge enigmática, cuyo secreto poco profundo puede ser adivinado y revelado por alguien con los pies heridos y que no conoce su nombre. Más bien, mirará al Arte como a una diosa cuyo misterio le corresponde intensificar y cuya majestuosidad tiene el privilegio de hacer más maravillosa a los ojos de los hombres.

Y aquí, Ernest, ocurre algo extraño. El crítico será, en efecto, un intérprete, pero no será un intérprete en el sentido de alguien que se limita a repetir de otra forma un mensaje que ha sido puesto en sus labios para que lo diga. Porque, al igual que sólo por el contacto con el arte de naciones extranjeras el arte de un país adquiere esa vida individual y separada que llamamos nacionalidad, así, por curiosa inversión, sólo intensificando su propia personalidad puede el crítico interpretar la personalidad y la obra de otros, y cuanto más fuertemente entra esta personalidad en la interpretación, más real se vuelve la interpretación, más satisfactoria, más convincente y más verdadera.

ERNEST. Yo habría dicho que la personalidad habría sido un elemento perturbador.

GILBERT. No, es un elemento de revelación. Si deseas comprender a los demás debes intensificar tu propio individualismo.

ERNEST. ¿Cuál es, entonces, el resultado?

GILBERT. Te lo diré, y quizá pueda decírtelo mejor con un ejemplo concreto. Me parece que, aunque el crítico literario está por supuesto en primer lugar, por tener el alcance más amplio, y la visión más grande, y el material más noble, cada una de las artes tiene un crítico, por así decirlo, asignado. El actor es un crítico del drama. Muestra la obra del poeta bajo nuevas condiciones, y mediante un método especial para él. Toma la palabra escrita, y la acción, el gesto y la voz se convierten en los medios de revelación. El cantante o el intérprete de laúd y viola es el crítico de la música. El grabador de un cuadro despoja a la pintura de sus bellos colores, pero nos muestra mediante el uso de un nuevo material su verdadera calidad cromática, sus tonos y valores, y las relaciones de sus masas, y así es, a su manera, un crítico de la misma, ya que el crítico es aquel que nos exhibe una obra de arte en una forma diferente a la de la propia obra, y el empleo de un nuevo material es un elemento crítico a la vez que creativo. También la escultura tiene su crítico, que puede ser el tallador de una gema, como lo fue en la época griega, o algún pintor como Mantegna, que trató de reproducir en el lienzo la belleza de la línea plástica y la dignidad sinfónica del bajorrelieve procesional. Y en el caso de todos estos críticos creativos del arte es evidente que la personalidad es absolutamente esencial para cualquier interpretación real. Cuando Rubinstein nos interpreta la *Sonata Appassionata* de Beethoven, nos da no sólo a Beethoven, sino también a sí mismo, y así nos da a Beethoven absolutamente: Beethoven reinterpretado a través de una rica naturaleza artística, y hecho vívido y maravilloso para nosotros por una personalidad nueva e intensa. Cuando un gran actor interpreta a Shakespeare tenemos la misma experiencia. Su propia individualidad se convierte en una parte vital de la interpretación. La gente dice a veces que los actores nos dan sus propios Hamlets, y no el de Shakespeare; y esta falacia —porque es una falacia— es, lamento decirlo, repetida por ese encantador y agraciado escritor que últimamente ha desertado de la agitación de la literatura por la paz de la Cámara de los Comunes, me refiero al autor de *Obiter Dicta*. De hecho, no existe el Hamlet de Shakespeare. Si Hamlet tiene algo de la definición de una obra de arte, tiene también toda la oscuridad que pertenece a la vida. Hay tantos Hamlets como melancolías.

ERNEST. ¿Tantos Hamlets como melancolías?

GILBERT. Sí, y así como el arte surge de la personalidad, sólo a ella puede revelarse, y del encuentro de ambas surge la crítica interpretativa correcta.

ERNEST. Entonces, ¿el crítico, considerado como intérprete, no dará menos de lo que recibe y prestará tanto como pida prestado?

GILBERT. Siempre estará mostrándonos la obra de arte en alguna nueva relación con nuestra época. Siempre nos estará recordando que las grandes obras de arte son cosas vivas; son, de hecho, las únicas cosas que viven. Tanto sentirá esto, de hecho, que estoy seguro de que, a medida que la civilización progrese y nos organicemos más, los espíritus elegidos de cada época, los espíritus críticos y cultos, se interesarán cada vez menos por la vida real y *buscarán obtener sus impresiones casi en su totalidad a partir de lo que el arte ha tocado*. Porque la vida es terriblemente deficiente en la forma. Sus catástrofes ocurren de la manera equivocada y a las personas equivocadas. Hay un horror grotesco en sus comedias, y sus tragedias parecen culminar en farsa. Uno siempre se siente herido cuando se acerca a ella. Las cosas duran demasiado o no lo suficiente.

ERNEST. ¡Pobre vida! ¡Pobre vida humana! Ni siquiera te conmueven las lágrimas que el poeta romano nos dice que forman parte de su esencia.

GILBERT. Demasiado rápidamente tocada por ellas, me temo. Porque cuando uno mira hacia atrás y ve la vida que fue tan vívida en su intensidad emocional, y llena de momentos tan fervientes de éxtasis o de alegría, todo parece ser un sueño y una ilusión. ¿Qué son las cosas irreales, sino las pasiones que una vez le quemaron a uno como el fuego? ¿Qué son las cosas increíbles, sino las cosas en las que uno ha creído fielmente? ¿Qué son las cosas improbables? Las cosas que uno mismo ha hecho. No, Ernest; la vida nos engaña con sombras, como un titiritero. Le pedimos placer. Nos lo da, con amargura y decepción al andar. Nos topamos con alguna pena noble que pensamos que prestará la púrpura dignidad de la tragedia a nuestros días pero se aleja de nosotros y cosas menos nobles ocupan su lugar, y en algún amanecer gris y ventoso, o en alguna víspera olorosa de silencio y de plata, nos encontramos mirando con insensible asombro, o con el corazón embotado de piedra, el mechón de cabello moteado de oro que una vez habíamos adorado tan salvajemente y besado tan locamente.

ERNEST. ¿Entonces la vida es un fracaso?

GILBERT. Desde el punto de vista artístico, ciertamente. Y lo principal que hace que la vida sea un fracaso desde este punto de vista artístico es lo que confiere a la vida su sórdida seguridad, el hecho de que nunca se puede repetir exactamente la misma emoción. ¡Qué diferente es en el mundo del Arte! En un estante de la biblioteca que hay detrás de ti se encuentra la *Divina Comedia*, y sé que, si la abro en un lugar determinado, me llenaré de un odio feroz hacia alguien que nunca me ha hecho daño, o me agitará un gran amor por alguien a quien nunca veré. No hay estado de ánimo ni pasión que el Arte no pueda proporcionarnos, y los que hemos descubierto su secreto podemos decidir de antemano cuáles van a ser nuestras experiencias. Podemos elegir nuestro día y seleccionar nuestra hora. Podemos decirnos a nosotros mismos: «Mañana, al amanecer, caminaremos con el grave Virgilio por el valle de la sombra de la muerte», y he aquí que el alba nos encuentra en el oscuro bosque, y el mantuano está a nuestro lado. Atravesamos la puerta de la leyenda fatal para la esperanza y con piedad o con alegría contemplamos el horror de otro mundo. Pasan los hipócritas, con sus rostros pintados y sus capuchas de plomo dorado. De entre los vientos incesantes que los impulsan, los carnales nos miran, y vemos al hereje desgarrarse la carne y al glotón azotado por la lluvia. Rompemos las ramas marchitas del árbol en la arboleda de las arpías y cada ramita venenosa y apagada sangra con sangre roja ante nosotros, y grita en voz alta con gritos amargos. De un cuerno de fuego nos habla Odiseo, y cuando de su sepulcro de llamas se levanta el gran Gibelino, el orgullo que triunfa sobre la tortura de aquel lecho se hace nuestro por un momento. A través del tenue aire púrpura vuelan aquellos que han manchado el mundo con la belleza de su pecado, y en el pozo de la repugnante enfermedad, afectado por la hidropesía e hinchado de cuerpo hasta la apariencia de un monstruoso laúd, yace Adamo di Brescia, el acuñador de moneda falsa. Nos pide que escuchemos su miseria; nos detenemos, y con los labios secos y entreabiertos nos cuenta cómo sueña día y noche con los arroyos de agua clara que en frescos canales cubiertos de rocío brotan por las verdes colinas casentinas. Sinón, el falso griego de Troya, se burla de él. Le golpea en la cara y riñen. Nos fascina su vergüenza y merodeamos, hasta que Virgilio nos reprende y nos conduce a esa ciudad torreada por gigantes donde el gran Nimrod hace sonar su cuerno. Nos esperan cosas terribles, y vamos a su encuentro con los ropajes y el corazón de Dante. Atravesamos los pantanos de la Estigia, y Argenti nada hacia la barca a través de las olas viscosas. Nos llama y le rechazamos. Cuando oímos la voz de su agonía nos alegramos, y Virgilio nos alaba por la amargura de nuestro desprecio. Pisamos el frío cristal de Cóctico, en el que los traidores se clavan como pajas en el cristal. Nuestro pie golpea contra la cabeza de Bocca. No quiere decirnos su nombre, y le arrancamos el pelo a puñados del cráneo chillón. Alberigo nos ruega que rompamos el hielo de su rostro para que pueda llorar un poco. Le empeñamos nuestra palabra, y cuando ha pronunciado su doloroso relato negamos la palabra que hemos pronunciado y pasamos de él; tal crueldad es en verdad cortesía, pues ¿quién más vil que quien tiene piedad de los condenados de Dios? En las fauces de Lucifer vemos al hombre que vendió a Cristo, y en las fauces de Lucifer a los hombres que mataron a César. Temblamos, y salimos para volver a abrazar las estrellas.

En la tierra de la Purgación el aire es más libre, y la montaña sagrada se eleva a la luz pura del día. Hay paz para nosotros, y para los que por una temporada moran en ella también hay algo de paz, aunque, pálida por el veneno de la Maremma, Madonna Pia pasa ante nosotros, e Ismene, con la pena de la tierra aún rondando, está allí. Alma tras alma nos hace partícipes de algún arrepentimiento o de alguna alegría. Aquel a quien el luto de su viuda enseñó a beber el dulce ajenjo del dolor, nos habla de Nella rezando en su lecho solitario, y aprendemos de boca de Buonconte cómo una sola lágrima puede salvar del demonio a un pecador moribundo. Sordello, ese noble y desdeñoso lombardo, nos mira desde lejos como un león *couchant*. Cuando se entera de que Virgilio es uno de los ciudadanos de Mantua, cae sobre su cuello, y cuando se entera de que es el cantor de Roma, cae bajo sus pies. En ese valle cuya hierba y flores son más bellas que la esmeralda hendida y la madera de la India, y más brillantes que la escarlata y la plata, cantan quienes en el mundo fueron reyes; pero los labios de Rodolfo de Habsburgo no se mueven al compás de la música de los demás, y Felipe de Francia se golpea el pecho y Enrique de Inglaterra se sienta solo. Avanzamos y avanzamos, subiendo la maravillosa escalera, y las estrellas se agrandan más de lo acostumbrado, y el canto de los reyes se desvanece, y al fin llegamos a los siete árboles de oro y al jardín del Paraíso Terrenal. En un carro tirado por un grifo aparece uno cuyas cejas están ceñidas de olivo, que está velado de blanco, y cubierto de verde, y ataviado con una vestidura coloreada como el fuego vivo. La antigua llama se despierta en nuestro interior. Nuestra sangre se acelera con pulsaciones terribles. La reconocemos. Es Beatrice, la mujer a la que hemos venerado. El hielo congelado en torno a nuestro corazón se derrite. Lágrimas salvajes de angustia brotan de nosotros, e inclinamos la frente hacia el suelo, porque sabemos que hemos pecado. Cuando hemos hecho penitencia, y estamos purificados, y hemos bebido de la fuente de Leteo y nos hemos bañado en la fuente de Eunoe, la dueña de nuestra alma nos eleva al Paraíso del Cielo. De esa perla eterna, la luna, se inclina hacia nosotros el rostro de Piccarda Donati. Su belleza nos turba por un momento, y cuando, como una cosa que cae a través del agua, se aleja, la contemplamos con ojos melancólicos. El dulce planeta de Venus está lleno de amantes. Cunizza, la hermana de Ezzelin, la dama del corazón de Sordello, está allí, y Folco, el apasionado cantante de Provenza, que en su dolor por Azalais abandonó el mundo, y la ramera cananea cuya alma fue la primera que Cristo redimió. Joaquín de Flora se alza bajo el sol y, bajo el sol, Aquino relata la historia de San Francisco y Buenaventura la de Santo Domingo. A través de los rubíes ardientes de Marte, se acerca Cacciaguida. Nos habla de la flecha que se dispara desde el arco del exilio, y de cómo la sal prueba el pan de otro, y de lo empinadas que son las escaleras en la casa de un extraño. En Saturno el alma no canta, e incluso la que nos guía no se atreve a sonreír. En una escalera de oro las llamas suben y bajan. Por fin, vemos el desfile de la Rosa Mística. Beatrice fija sus ojos en el rostro de Dios para no volverlos de nuevo. La visión beatífica nos es concedida; conocemos el Amor que mueve el sol y todas las estrellas.

Sí, podemos hacer retroceder la tierra seiscientos cursos y hacernos uno con el gran florentino, arrodillarnos en el mismo altar con él y compartir su arrobamiento y su desprecio. Y si nos cansamos de un tiempo antiguo, y deseamos darnos cuenta de nuestra propia edad en todo su cansancio y pecado, ¿no hay libros que pueden hacernos vivir más en una sola hora de lo que la vida puede hacernos vivir en una veintena de años vergonzosos? Cerca de tu mano yace un pequeño volumen, encuadernado en alguna piel verde Nilo que ha sido empolvada con nenúfares dorados y alisada con duro marfil. Es el libro que amaba Gautier, es la obra maestra de Baudelaire. Ábrelo en ese triste madrigal que comienza

Que m'importe que tu sois sage ?
Sois belle ! et sois triste !

y te encontrarás adorando la pena como nunca has adorado la alegría. Pasa al poema sobre el hombre que se tortura a sí mismo, deja que su sutil música se introduzca en tu cerebro y coloree tus pensamientos, y te convertirás por un momento en lo que era aquel que lo escribió; es más, no sólo por un momento, sino durante muchas noches estériles iluminadas por la luna y días estériles sin sol, una desesperación que no es la tuya habitará en tu interior, y la miseria de otro te roerá el corazón. Lee el libro entero, permite que te cuente siquiera uno de sus secretos a tu alma, y tu alma crecerá ansiosa por saber más, y te alimentará de miel venenosa, y tratarás de arrepentirte de extraños crímenes de los que estás libre de culpa, y de expiar terribles placeres que nunca has conocido. Y entonces, cuando estés cansado de estas flores del mal, vuélvete hacia las flores que crecen en el jardín de Perdita, y en sus cálices empapados de rocío refresca su frente febril, y deja que su hermosura cure y restaure tu alma; o despierta de su olvidada tumba al dulce sirio Meleagro, y pídele al amante de Heliodoro que te haga música, pues él también tiene flores en su canto, rojas flores de granado, e iris que huelen a mirra, narcisos anillados y jacintos azul oscuro, y mejorana y arrugados ojos de buey. Querido era para él el perfume del campo de habas al atardecer, y querido el oloroso nardo que crecía en las colinas sirias, y el fresco tomillo verde, el encanto de la copa de vino. Los pies de su amor cuando caminaba por el jardín eran como lirios puestos sobre lirios. Más suaves que los pétalos de amapola cargados de sueño eran sus labios, más suaves que las violetas y tan perfumados. El flamante crocus brotaba de la hierba para mirarla. Por ella los esbeltos narcisos guardaban la fresca lluvia, y por ella las anémonas olvidaban los vientos sicilianos que las cortejaban. Y ni el crocus, ni la anémona, ni el narciso eran tan hermosos como ella.

Es algo extraño, esta transferencia de emociones. Nosotros enfermamos de los mismos males que los poetas, y el cantante nos presta su dolor. Los labios muertos tienen su mensaje para nosotros, y los corazones que se han convertido en polvo pueden comunicarnos su alegría. Corremos a besar la boca sangrante de Fantine, y seguimos a Manon Lescaut por el mundo entero. Nuestra es la locura de amor de la tiria, y nuestro es también el terror de Orestes. No hay pasión que no podamos sentir, ni placer que no podamos gratificar, y podemos elegir el momento de nuestra iniciación y también el de nuestra libertad. ¡Vida! ¡La vida! No vayamos a la vida por nuestra realización o nuestra experiencia. Es una cosa estrecha por las circunstancias, incoherente en su expresión, y sin esa fina correspondencia de forma y espíritu que es lo único que puede satisfacer al temperamento artístico y crítico. Nos hace pagar un precio demasiado alto por sus mercancías, y compramos el más mezquino de sus secretos a un coste que es monstruoso e infinito.

ERNEST. ¿Debemos ir, entonces, al Arte para todo?

GILBERT. Para todo. Porque el Arte no nos hace daño. Las lágrimas que derramamos en una obra de teatro son una clase de las exquisitas emociones estériles que el Arte tiene que despertar. Lloramos, pero no estamos heridos. Nos afligimos, pero nuestra pena no es amarga. En la vida real del hombre, la pena, como dice Spinoza en alguna parte, es un pasaje a una perfección menor. Pero la pena con la que nos llena el Arte purifica e inicia, si se me permite citar una vez más al gran crítico de arte de los griegos. Es a través del Arte, y sólo a través del Arte, como podemos realizar nuestra perfección; a través del Arte, y sólo a través del Arte, como podemos protegernos de los sórdidos peligros de la existencia real. Esto resulta no sólo del hecho de que nada de lo que uno puede imaginar merece la pena ser hecho, y de que uno puede imaginarlo todo, sino de la sutil ley de que las fuerzas emocionales, como las fuerzas de la esfera física, están limitadas en extensión y energía. Uno puede sentir tanto, y no más. ¿Y qué importa con qué placer la vida intente tentarle a uno, o con qué dolor intente mutilar y estropear su alma, si en el espectáculo de las vidas de aquellos que nunca han existido uno ha encontrado el verdadero secreto de la alegría, y ha llorado sus lágrimas por sus muertes que, como Cordelia y la hija de Brabantio, nunca podrán morir?

ERNEST. Detente un momento. Me parece que en todo lo que has dicho hay algo radicalmente inmoral.

GILBERT. Todo arte es inmoral.

ERNEST. ¿Todo arte?

GILBERT. Sí. Porque la emoción por la emoción es el objetivo del arte, y la emoción por la acción es el objetivo de la vida, y de esa organización práctica de la vida que llamamos sociedad. La sociedad, que es el principio y la base de la moral, existe simplemente para la concentración de la energía humana, y para asegurar su propia continuidad y sana estabilidad exige, y sin duda con razón, de cada uno de sus ciudadanos que contribuya alguna forma de trabajo productivo al bien común, y que se esfuerce y trabaje para que el trabajo del día pueda realizarse. La sociedad perdona a menudo al criminal; nunca perdona al soñador. Las bellas emociones estériles que el arte excita en nosotros son odiosas a sus ojos, y la gente está tan completamente dominada por la tiranía de este espantoso ideal social que siempre se acercan descaradamente a uno en las Visitas Privadas y otros lugares abiertos al público en general, y le dicen con voz estentórea: «¿Qué está haciendo?», mientras que «¿Qué está pensando?» es la única pregunta que se le debería permitir a cualquier ser civilizado susurrar a otro. Tienen buenas intenciones, sin duda, estas personas honestas y radiantes. Tal vez esa sea la razón por la que son tan excesivamente tediosas. Pero alguien debería enseñarles que mientras que, en opinión de la sociedad, la contemplación es el pecado más grave del que puede ser culpable cualquier ciudadano, en opinión de la cultura más elevada es la ocupación propia del hombre.

ERNEST. ¿Contemplación?

GILBERT. Contemplación. Hace poco tiempo te dije que era mucho más difícil hablar de una cosa que hacerla. Permíteme decirte ahora que no hacer nada en absoluto es la cosa más difícil del mundo, la más difícil y la más intelectual. Para Platón, con su pasión por la sabiduría, esta era la forma más noble de energía. Para Aristóteles, con su pasión por el conocimiento, esta era también la forma más noble de energía. Fue a esto a lo que la pasión por la santidad condujo al santo y al místico de los días medievales.

ERNEST. ¿Existimos, entonces, para no hacer nada?

GILBERT. Los elegidos existen para no hacer nada. La acción es limitada y relativa. Ilimitada y absoluta es la visión del que se sienta a sus anchas y observa, del que camina en soledad y sueña. Pero nosotros, que hemos nacido al final de esta época maravillosa, somos a la vez demasiado cultos y demasiado críticos, demasiado sutiles intelectualmente y demasiado curiosos de placeres exquisitos, para aceptar cualquier especulación sobre la vida a cambio de la vida misma. Para nosotros la *città divina* es incolora, y la *fruitio Dei* sin sentido. La metafísica no satisface nuestros temperamentos, y el éxtasis religioso está pasado de moda. El mundo a través del cual el filósofo académico se convierte en «el espectador de todo tiempo y de toda existencia» no es realmente un mundo ideal, sino simplemente un mundo de ideas abstractas. Cuando entramos en él, morimos de hambre en medio de las frías matemáticas del pensamiento. Los patios de la ciudad de Dios no están abiertos para nosotros ahora. Sus puertas están custodiadas por la Ignorancia, y para traspasarlas tenemos que renunciar a todo lo que en nuestra naturaleza hay de más divino. Basta con que nuestros padres hayan creído. Ellos han agotado la facultad por la fe de la especie. Su legado para nosotros es el escepticismo del que tenían miedo. Si lo hubieran puesto en palabras, quizá no viviría en nosotros como pensamiento. No, Ernest, no. No podemos volver al santo. Hay mucho más que aprender del pecador. No podemos volver al filósofo, y el místico nos extravía. ¿Quién, como sugiere Mr. Pater en alguna parte, cambiaría la curva de una simple hoja de rosa por ese Ser intangible sin forma que Platón valora tan alto? ¿Qué es para nosotros la Iluminación de Filón, el Abismo de Eckhart, la Visión de Bohme, el monstruoso Cielo mismo que se reveló a los ojos cegados de Swedenborg? Tales cosas son menos que la trompeta amarilla de un narciso del campo, mucho menos que la más insignificante de las artes visibles, pues, al igual que la Naturaleza es la materia luchando en la mente, el Arte es la mente expresándose bajo las condiciones de la materia, y así, incluso en la más baja de sus manifestaciones, habla tanto al sentido como al alma por igual. Para el temperamento estético lo vago es siempre repelente. Los griegos fueron una nación de artistas, porque se les ahorró el sentido de lo infinito. Como Aristóteles, como Goethe después de haber leído a Kant, deseamos lo concreto, y nada más que lo concreto puede satisfacernos.

ERNEST. ¿Qué propones entonces?

GILBERT. Me parece que con el desarrollo del espíritu crítico podremos darnos cuenta, no sólo de nuestra propia vida, sino de la vida colectiva de la raza, y así hacernos absolutamente modernos, en el verdadero sentido de la palabra modernidad. Porque aquel para quien el presente es lo único presente, no sabe nada de la época en que vive. Para darse cuenta del siglo XIX, hay que darse cuenta de todos los siglos que lo han precedido y que han contribuido a su realización. Para saber algo de uno mismo hay que saberlo todo de los demás. No debe haber ningún estado de ánimo con el que uno no pueda simpatizar, ningún modo de vida muerto que uno no pueda hacer vivo. ¿Es esto imposible? Yo creo que no. Al revelarnos el mecanismo absoluto de toda acción, y liberarnos así de la carga autoimpuesta y atormentadora de la responsabilidad moral, el principio científico de la Herencia se ha convertido, por así decirlo, en la garantía de la vida contemplativa. Nos ha demostrado que nunca somos menos libres que cuando intentamos actuar. Nos ha rodeado con las redes del cazador y ha escrito en el muro la profecía de nuestra perdición. No podemos verla, porque está dentro de nosotros. No podemos verla, salvo en un espejo que refleja el alma. Es Némesis sin su máscara. Es la última de las Parcas, y la más terrible. Es el único de los Dioses cuyo verdadero nombre conocemos.

Y sin embargo, mientras que en la esfera de la vida práctica y externa ha despojado a la energía de su libertad y a la actividad de su elección, en la esfera subjetiva, donde el alma está en acción, viene a nosotros, esta terrible sombra, con muchos dones en sus manos, dones de temperamentos extraños y susceptibilidades sutiles, dones de ardores salvajes y fríos humores de indiferencia, complejos dones multiformes de pensamientos que están en desacuerdo entre sí, y pasiones que guerrean contra sí mismas. Y así, no es nuestra propia vida la que vivimos, sino las vidas de los muertos, y el alma que mora en nosotros no es una entidad espiritual única, que nos hace personales e individuales, creada para nuestro servicio, y que entra en nosotros para nuestro gozo. Es algo que ha habitado en lugares temibles, y en antiguos sepulcros ha hecho su morada. Está enferma de muchos males, y tiene recuerdos de curiosos pecados. Es más sabia que nosotros, y su sabiduría es amarga. Nos llena de deseos imposibles, y nos hace seguir lo que sabemos que no podemos conseguir. Una cosa, sin embargo, Ernest, puede hacer por nosotros. Puede alejarnos de entornos cuya belleza se nos oscurece por la bruma de la familiaridad, o cuya innoble fealdad y sórdidas pretensiones estropean la perfección de nuestro desarrollo. Puede ayudarnos a abandonar la época en la que nacimos y a pasar a otras épocas, sin encontrarnos exiliados de su aire. Puede enseñarnos a escapar de nuestra experiencia, y a darnos cuenta de las experiencias de aquellos que son más grandes que nosotros. El dolor de Leopardi gritando contra la vida se convierte en nuestro dolor. Teócrito sopla en su pipa, y nosotros reímos con labios de ninfa y pastor. Con la piel de lobo de Pierre Vidal huimos ante los sabuesos, y con la armadura de Lancelot cabalgamos desde la enramada de la reina. Hemos susurrado el secreto de nuestro amor bajo la capucha de Abelardo, y en las vestiduras manchadas de Villon hemos puesto nuestra vergüenza en canción. Podemos ver el amanecer a través de los ojos de Shelley, y cuando vagamos con Endimión la Luna se enamora de nuestra juventud. Nuestra es la angustia de Atys, y nuestras la débil rabia y las nobles penas del danés. ¿Crees que es la imaginación la que nos permite vivir estas incontables vidas? Sí, es la imaginación; y la imaginación es el resultado de la herencia. Es simplemente experiencia racial concentrada.

ERNEST. Pero, ¿dónde está en esto la función del espíritu crítico?

GILBERT. La cultura que hace posible esta transmisión de experiencias de la raza puede ser perfeccionada únicamente por el espíritu crítico, y de hecho puede decirse que es una con él. Porque, ¿quién es el verdadero crítico sino aquel que lleva en sí mismo los sueños, y las ideas, y los sentimientos de miríadas de generaciones, y a quien ninguna forma de pensamiento es ajena, ningún impulso emocional oscuro? ¿Y quién es el verdadero hombre de cultura, sino aquel que mediante una fina erudición y un fastidioso rechazo ha hecho que el instinto sea consciente de sí mismo e inteligente, y puede separar la obra que tiene distinción de la que no la tiene, y así, mediante el contacto y la comparación, se hace dueño de los secretos del estilo y de la escuela, y comprende sus significados, y escucha sus voces, y desarrolla ese espíritu de curiosidad desinteresada que es la verdadera raíz, como es la verdadera flor, de la vida intelectual, y así alcanza la claridad intelectual, y, habiendo aprendido «lo mejor que se sabe y se piensa en el mundo», vive —no es fantasioso decirlo— con aquellos que son los Inmortales.

Sí, Ernest, la vida contemplativa, la vida que tiene por objetivo no *hacer*, sino *ser*, y no meramente *ser*, sino *llegar a ser...* eso es lo que puede darnos el espíritu crítico. Los dioses viven así: o cavilando sobre su propia perfección, como nos dice Aristóteles, o, como fantaseaba Epicuro, observando con los ojos tranquilos del espectador la tragicomedia del mundo que han hecho. Nosotros también podríamos vivir como ellos, y disponernos a presenciar con emociones apropiadas las variadas escenas que nos ofrecen el hombre y la naturaleza. Podríamos hacernos espirituales desprendiéndonos de la acción y llegar a ser perfectos mediante el rechazo de la energía. A menudo me ha parecido que Browning sentía algo de esto. Shakespeare lanza a Hamlet a la vida activa y le hace realizar su misión mediante el esfuerzo. Browning podría habernos dado un Hamlet que hubiera realizado su misión mediante el pensamiento. El incidente y el acontecimiento eran para él irreales o carentes de significado. Hizo del alma el protagonista de la tragedia de la vida, y consideró la acción como el único elemento no dramático de una obra. Para nosotros, en todo caso, el ΒΙΟΣ ΘΕΩΡΗΤΙΚΟΣ es el verdadero ideal. Desde la alta torre del Pensamiento podemos contemplar el mundo. Tranquilo, y centrado en sí mismo, y completo, el crítico estético contempla la vida, y ninguna flecha lanzada a una aventura puede atravesar entre las junturas de su arnés. Él al menos está a salvo. Ha descubierto cómo vivir.

¿Es inmoral tal modo de vida? Sí, todas las artes son inmorales, excepto aquellas formas más bajas de arte sensual o didáctico que buscan excitar a la acción del mal o del bien. Pues la acción de todo tipo pertenece a la esfera de la ética. El objetivo del arte es simplemente crear un estado de ánimo. ¿Es tal modo de vida poco práctico? ¡Ah! no es tan fácil ser poco práctico como imagina el ignorante filisteo. Sería bueno para Inglaterra que así fuera. No hay país en el mundo tan necesitado de gente poco práctica como este país nuestro. Con nosotros, el pensamiento se degrada por su constante asociación con la práctica. ¿Quién que se mueva en el estrés y la agitación de la existencia real, político ruidoso, o reformador social pendenciero, o pobre sacerdote de mente estrecha cegado por los sufrimientos de ese sector sin importancia de la comunidad entre el que ha echado su suerte, puede pretender seriamente ser capaz de formarse un juicio intelectual desinteresado sobre cualquier cosa? Cada una de las profesiones significa un prejuicio. La necesidad de hacer carrera obliga a cada uno a tomar partido. Vivimos en la era del exceso de trabajo y de la falta de educación; la era en la que la gente es tan trabajadora que se vuelve absolutamente estúpida. Y, aunque suene duro, no puedo evitar decir que esas personas merecen su perdición. La forma segura de no saber nada de la vida es intentar hacerse útil.

ERNEST. Una doctrina encantadora, Gilbert.

GILBERT. No estoy seguro de ello, pero tiene al menos el pequeño mérito de ser cierta. Que el deseo de hacer el bien a los demás produzca una abundante cosecha de mojigatos es el menor de los males de los que es causa. El mojigato es un estudio psicológico muy interesante, y aunque de todas las poses una pose moral es la más ofensiva, tener una pose en absoluto es ya algo. Es un reconocimiento formal de la importancia de tratar la vida desde un punto de vista definido y razonado. Que la simpatía humanitaria luche contra la naturaleza, asegurando la supervivencia del fracaso, puede hacer que el hombre de ciencia aborrezca sus virtudes facilonas. El economista político puede clamar contra ella por poner al imprevisor al mismo nivel que al previsor, y robar así a la vida el incentivo más fuerte, aunque más sórdido, para la industria. Pero, a los ojos del pensador, el verdadero daño que hace la simpatía emocional es que limita el conocimiento, y así nos impide resolver cualquier problema social. En la actualidad intentamos alejar la crisis que se avecina, la revolución que se avecina como la llaman mis amigos los fabianistas, mediante dádivas y limosnas. Pues bien, cuando llegue la revolución o la crisis, seremos impotentes, porque no sabremos nada. Y así, Ernest, no nos dejemos engañar. Inglaterra nunca será civilizada hasta que haya añadido Utopía a sus dominios. Hay más de una de sus colonias que podría ceder con ventaja por una tierra tan justa. Lo que queremos son personas poco prácticas que vean más allá del momento y piensen más allá del día. Los que intentan dirigir al pueblo sólo pueden hacerlo siguiendo a la multitud. Es a través de la voz de alguien que clama en el desierto que deben prepararse los caminos de los dioses.

Pero tal vez pienses que en contemplar por el mero placer de contemplar, y en contemplar por contemplar, hay algo que es egoísta. Si así lo crees, no lo digas. Hace falta una época completamente egoísta, como la nuestra, para deificar el sacrificio propio. Se necesita una época completamente egoísta, como en la que vivimos, para poner por encima de las finas virtudes intelectuales, aquellas virtudes superficiales y emocionales que son un beneficio práctico inmediato para sí mismo. También fallan en su objetivo estos filántropos y sentimentalistas de nuestros días, que siempre están parloteando sobre el deber que uno tiene para con el prójimo. Porque el desarrollo de la raza depende del desarrollo del individuo, y allí donde la cultura de uno mismo ha dejado de ser el ideal, el nivel intelectual desciende instantáneamente y, a menudo, acaba perdiéndose. Si te encuentras cenando con un hombre que ha dedicado su vida a educarse a sí mismo —un tipo raro en nuestro tiempo, lo admito, pero que aún así se encuentra de vez en cuando—, te levantas de la mesa más enriquecido y consciente de que un ideal elevado ha tocado y santificado por un momento tus días. Pero ¡oh! mi querido Ernest, ¡sentarse junto a un hombre que ha pasado su vida tratando de educar a otros! ¡Qué espantosa experiencia es ésa! ¡Cuán espantosa es esa ignorancia que es el resultado inevitable del hábito fatal de impartir opiniones! ¡Qué limitada en su alcance resulta ser la mente de la criatura! ¡Cómo nos cansa, y debe cansarse, con sus interminables repeticiones y su enfermiza reiteración! ¡Cuán carente está de cualquier elemento de crecimiento intelectual! ¡En qué círculo vicioso se mueve siempre!

ERNEST. Hablas con extraño sentimiento, Gilbert. ¿Has tenido esta espantosa experiencia, como tú la llamas, últimamente?

GILBERT. Pocos de nosotros escapamos a ello. La gente dice que el verdadero maestro está en el extranjero. Ojalá lo estuviera. Pero el tipo del que, después de todo, él es sólo uno, y ciertamente el menos importante, de los representantes, me parece que realmente domina nuestras vidas; y así como el filántropo es la molestia de la esfera ética, la molestia de la esfera intelectual es el hombre que está tan ocupado en tratar de educar a otros, que nunca ha tenido tiempo para educarse a sí mismo. No, Ernest, la autoeducación es el verdadero ideal del hombre. Goethe lo vio, y la deuda inmediata que tenemos con Goethe es mayor que la deuda que tenemos con cualquier hombre desde la época griega. Los griegos lo vieron, y nos han dejado, como legado al pensamiento moderno, la concepción de la vida contemplativa, así como el método crítico mediante el cual sólo esa vida puede realizarse verdaderamente. Fue lo único que hizo grande al Renacimiento y nos dio el Humanismo. Es lo único que podría hacer grande también a nuestra propia época; porque la verdadera debilidad de Inglaterra no reside en armamentos incompletos o costas sin fortificar, ni en la pobreza que se arrastra por callejuelas sin sol, ni en la embriaguez que campa a sus anchas en cortes repugnantes, sino simplemente en el hecho de que sus ideales son emocionales y no intelectuales.

No niego que el ideal intelectual sea difícil de alcanzar, y menos aún que sea, y quizá lo sea durante años, impopular entre la multitud. Es tan fácil para la gente sentir simpatía por el sufrimiento. Es tan difícil para la gente tener simpatía con el pensamiento. De hecho, la gente corriente entiende tan poco lo que es realmente el pensamiento que parece imaginar que, cuando ha dicho que una teoría es peligrosa, ha pronunciado su condena, cuando son sólo esas teorías las que tienen un verdadero valor intelectual. Una idea que no es peligrosa es indigna de ser llamada idea en absoluto.

ERNEST. Gilbert, me desconciertas. Me has dicho que todo arte es, en su esencia, inmoral. ¿Vas a decirme ahora que todo pensamiento es, en su esencia, peligroso?

GILBERT. Sí, en la esfera práctica es así. La seguridad de la sociedad reside en la costumbre y el instinto inconsciente, y la base de la estabilidad de la sociedad, como organismo sano, es la ausencia total de inteligencia entre sus miembros. La gran mayoría de la gente, plenamente consciente de ello, se sitúa naturalmente del lado de ese espléndido sistema que los eleva a la dignidad de máquinas, y se rebela tan salvajemente contra la intrusión de la facultad intelectual en cualquier cuestión que concierna a la vida, que uno se siente tentado a definir al hombre como un animal racional que siempre pierde los estribos cuando se le pide que actúe de acuerdo con los dictados de la razón. Pero alejémonos de la esfera práctica, y no digamos nada más sobre los malvados filántropos, que, de hecho, bien pueden dejarse a merced del sabio de ojos almendrados del río Amarillo Chuang Tsu el sabio, que ha demostrado que tales entrometidos bienintencionados y ofensivos han destruido la virtud simple y espontánea que hay en el hombre. Constituyen un tema agotador y estoy ansioso por volver a la esfera en la que la crítica es libre.

ERNEST. ¿La esfera del intelecto?

GILBERT. Sí. Recordarás que hablé del crítico como si fuera, a su manera, tan creativo como el artista, cuya obra, de hecho, puede ser meramente de valor en la medida en que le da al crítico una sugerencia para algún nuevo estado de ánimo de pensamiento y sentimiento que él puede realizar con igual, o tal vez mayor, distinción de forma, y, mediante el uso de un nuevo medio de expresión, hacer más bello y más perfecto. Parecías un poco escéptico sobre la teoría. Pero, ¿quizás me equivoqué contigo?

ERNEST. No soy realmente escéptico al respecto, pero debo admitir que siento muy fuertemente que un trabajo como el que tú describes que produce el crítico —y hay que admitir sin duda que es creativo— es, por necesidad, puramente subjetivo, mientras que el trabajo más grande es objetivo siempre, objetivo e impersonal.

GILBERT. La diferencia entre el trabajo objetivo y el subjetivo es meramente de forma externa. Es accidental, no esencial. Toda creación artística es absolutamente subjetiva. El propio paisaje que contempló Corot no era, como él mismo dijo, sino un estado de ánimo de su propia mente; y esas grandes figuras del drama griego o inglés que nos parecen poseer una existencia real propia, aparte de los poetas que les dieron forma y las modelaron, son, en su análisis último, simplemente los propios poetas, no como pensaban que eran, sino como pensaban que no eran; y por ese pensamiento llegaron de manera extraña, aunque sólo por un momento, a ser realmente así. Pues fuera de nosotros mismos nunca podemos pasar, ni puede haber en la creación lo que en el creador no había. Es más, yo diría que cuanto más objetiva parece ser una creación, más subjetiva es en realidad. Shakespeare podría haber conocido a Rosencrantz y Guildenstern en las blancas calles de Londres, o haber visto a los criados de casas rivales morderse el pulgar en la plaza abierta; pero Hamlet salió de su alma, y Romeo de su pasión. Eran elementos de su naturaleza a los que dio forma visible, impulsos que se agitaban tan fuertemente en su interior que tuvo, por así decirlo, que sufrirlos para que realizaran su energía, no en el plano inferior de la vida real, donde se habrían visto truncados y constreñidos y así se habrían hecho imperfectos, sino en ese plano imaginativo del arte donde el Amor puede, en efecto, encontrar en la Muerte su rica realización, donde uno puede apuñalar al fisgón detrás de las arras, y luchar en una tumba recién hecha, y hacer que un rey culpable beba su propia herida, y ver el espíritu del propio padre, bajo los destellos de la luna, acechando en completo acero de brumosa pared a pared. La acción limitada habría dejado a Shakespeare insatisfecho e inexpresado; y, al igual que es porque no hizo nada por lo que ha podido conseguirlo todo, es porque nunca nos habla de sí mismo en sus obras por lo que estas nos lo revelan absolutamente, y nos muestran su verdadera naturaleza y temperamento de forma mucho más completa que esos extraños y exquisitos sonetos, incluso, en los que desnuda ante los ojos de cristal el armario secreto de su corazón. Sí, la forma objetiva es la más subjetiva en la materia. El hombre es menos él mismo cuando habla en su propia persona. Dale una máscara y le dirá la verdad.

ERNEST. El crítico, pues, al estar limitado a la forma subjetiva, será necesariamente menos capaz de expresarse plenamente que el artista, que tiene siempre a su disposición las formas impersonales y objetivas.

GILBERT. No necesariamente y ciertamente no en absoluto si reconoce que cada modo de crítica es, en su desarrollo más elevado, simplemente un estado de ánimo, y que nunca somos más fieles a nosotros mismos que cuando somos incoherentes. El crítico estético, constante únicamente al principio de la belleza en todas las cosas, estará siempre buscando impresiones frescas, ganando de las diversas escuelas el secreto de su encanto, inclinándose, puede ser, ante altares extranjeros, o sonriendo, si es su capricho, a nuevos dioses extraños. Lo que los demás llaman el pasado de uno tiene, sin duda, todo que ver con ellos, pero no tiene absolutamente nada que ver con uno mismo. El hombre que considera su pasado es un hombre que merece no tener ningún futuro que esperar. Cuando uno ha encontrado expresión para un estado de ánimo, ha acabado con él. Tú te ríes; pero créeme que es así. Ayer fue el realismo lo que le encantó a uno. Uno obtenía de él ese *nouveau frisson* que era su objetivo producir. Uno lo analizaba, lo explicaba y se cansaba de él. Al atardecer llegó el *Luministe* en pintura, y el *Symboliste* en poesía, y el espíritu del medievalismo, ese espíritu que no pertenece al tiempo sino al temperamento, despertó de repente en la Rusia herida, y nos conmovió por un momento por la terrible fascinación del dolor. Hoy el grito es por el Romance, y ya las hojas tiemblan en el valle, y sobre las cimas púrpuras de las colinas camina la Belleza con esbeltos pies dorados. Los viejos modos de creación perduran, por supuesto. Los artistas se reproducen a sí mismos o entre sí, con cansina iteración. Pero la crítica siempre avanza, y el crítico siempre se desarrolla.

Tampoco en este caso el crítico se limita realmente a la forma subjetiva de expresión. El método del drama es suyo, al igual que el del *epos*. Puede utilizar el diálogo, como hizo quien puso a Milton a hablar con Marvel sobre la naturaleza de la comedia y la tragedia, e hizo que Sidney y Lord Brooke disertaran sobre letras bajo los robles de Penshurst; o adoptar la narración, como le gusta hacer a Mr. Pater, cada uno de cuyos *Retratos Imaginarios* —¿no es ése el título del libro?— nos presenta, bajo el ropaje fantasioso de la ficción, alguna pieza fina y exquisita de crítica, una sobre el pintor Watteau, otra sobre la filosofía de Spinoza, una tercera sobre los elementos paganos del Renacimiento temprano, y la última, y en algunos aspectos la más sugestiva, sobre la fuente de esa *Aufklärung*, esa iluminación que amaneció en Alemania en el siglo pasado, y con la que nuestra propia cultura tiene una deuda tan grande. El diálogo, ciertamente, esa maravillosa forma literaria que, de Platón a Luciano, y de Luciano a Giordano Bruno, y de Bruno a ese viejo gran pagano en el que Carlyle se deleitó tanto, siempre han empleado los críticos creativos del mundo, nunca puede perder para el pensador su atractivo como modo de expresión. Por sus medios puede tanto revelarse como ocultarse, y dar forma a cada fantasía, y realidad a cada estado de ánimo. Por su medio puede exhibir el objeto desde cada punto de vista, y mostrárnoslo en redondo, como un escultor nos muestra las cosas, ganando de este modo toda la riqueza y realidad de efecto que proviene de esos temas secundarios que son sugeridos repentinamente por la idea central en su progreso, y que realmente iluminan la idea más completamente, o de esos felices pensamientos posteriores que dan una completitud más plena al esquema central, y sin embargo transmiten algo del delicado encanto de la casualidad.

ERNEST. Por sus medios, también, puede inventar un antagonista imaginario, y convertirlo cuando quiera mediante algún argumento absurdamente sofístico.

GILBERT. ¡Ah! es tan fácil convertir a los demás. Es tan difícil convertirse uno mismo. Para llegar a lo que uno realmente cree, uno debe hablar a través de labios diferentes a los propios. Para conocer la verdad uno debe imaginar miríadas de falsedades. Porque, ¿qué es la verdad? En cuestiones de religión, es simplemente la opinión que ha sobrevivido. En cuestiones de ciencia, es la última sensación. En cuestiones de arte, es el último estado de ánimo. Y ahora ves, Ernest, que el crítico tiene a su disposición tantas formas objetivas de expresión como el artista. Ruskin puso su crítica en prosa imaginativa, y es soberbio en sus cambios y contradicciones; y Browning puso la suya en verso en blanco e hizo que pintor y poeta nos cedieran su secreto; y M. Renan utiliza el diálogo, y Mr. Pater la ficción, y Rossetti tradujo en música de soneto el color de Giorgione y el diseño de Ingres, y su propio diseño y color también, sintiendo, con el instinto de quien tiene muchos modos de expresión, que el arte último es la literatura, y el medio más fino y pleno el de las palabras.

ERNEST. Bien, ahora que has establecido que el crítico tiene a su disposición todas las formas objetivas, me gustaría que me dijera cuáles son las cualidades que deben caracterizar al verdadero crítico.

GILBERT. ¿Cuáles dirías que son?

ERNEST. Bueno, yo diría que un crítico debe ser justo por encima de todo.

GILBERT. ¡Ah! Justo, no. Un crítico no puede ser justo en el sentido ordinario de la palabra. Sólo sobre las cosas que no le interesan puede dar una opinión realmente imparcial, lo que sin duda es la razón por la que una opinión imparcial siempre carece absolutamente de valor. El hombre que ve los dos lados de una cuestión, es un hombre que no ve absolutamente nada. El arte es una pasión y, en cuestiones de arte, el pensamiento está inevitablemente teñido por la emoción, por lo que es fluido más que fijo y, al depender de finos estados de ánimo y momentos exquisitos, no puede estrecharse hasta la rigidez de una fórmula científica o un dogma teológico. Es al alma a la que habla el Arte, y el alma puede hacerse prisionera de la mente tanto como del cuerpo. Uno no debería, por supuesto, tener prejuicios; pero, como señaló un gran francés hace cien años, la ocupación de uno es tener preferencias y cuando uno tiene preferencias deja de ser justo. Sólo un subastador puede admirar por igual y con imparcialidad todas las escuelas de Arte. No, la imparcialidad no es una de las cualidades del verdadero crítico. Ni siquiera es una condición de la crítica. Cada forma de Arte con la que entramos en contacto nos domina por el momento con exclusión de cualquier otra forma. Debemos entregarnos absolutamente a la obra en cuestión, sea cual sea, si queremos ganar su secreto. Por el momento, no debemos pensar en otra cosa, no podemos pensar en otra cosa, de hecho.

ERNEST. El verdadero crítico será racional, en cualquier caso, ¿no?

GILBERT. ¿Racional? Hay dos formas de que no te guste el arte, Ernest. Una es que no te guste. La otra, que te guste racionalmente. Porque el arte, como vio Platón, y no sin pesar, crea en el oyente y el espectador una forma de locura divina. No surge de la inspiración, sino que hace que otros se inspiren. La razón no es la facultad a la que apela. Si uno ama el Arte en absoluto, debe amarlo más allá de todas las demás cosas del mundo, y contra tal amor, la razón, si uno la escuchara, gritaría. No hay nada cuerdo en la adoración de la belleza. Es demasiado espléndida para ser cuerda. Aquellos de cuyas vidas constituye la nota dominante siempre parecerán al mundo unos puros visionarios.

ERNEST. Bueno, al menos, la crítica será sincera.

GILBERT. Un poco de sinceridad es algo peligroso, y una gran cantidad de ella es absolutamente fatal. El verdadero crítico, en efecto, siempre será sincero en su devoción al principio de la belleza, pero buscará la belleza en cada época y en cada escuela, y nunca se dejará limitar a ninguna costumbre establecida de pensamiento o modo estereotipado de ver las cosas. Se realizará a sí mismo de muchas formas y por mil caminos diferentes, y siempre sentirá curiosidad por nuevas sensaciones y puntos de vista frescos. A través del cambio constante, y sólo a través del cambio constante, encontrará su verdadera unidad. No consentirá ser esclavo de sus propias opiniones. Pues, ¿qué es la mente sino movimiento en la esfera intelectual? La esencia del pensamiento, como la esencia de la vida, es el crecimiento. No debes asustarte por esa palabra, Ernest. Lo que la gente llama insinceridad es simplemente un método mediante el cual podemos multiplicar nuestras personalidades.

ERNEST. Me temo que no he sido afortunado en mis sugerencias.

GILBERT. De las tres cualificaciones que has mencionado, dos, la sinceridad y la imparcialidad, eran, si no realmente morales, al menos estaban en la cercanía de la moral, y la primera condición de la crítica es que el crítico sea capaz de reconocer que la esfera del Arte y la esfera de la Ética son absolutamente distintas y están separadas. Cuando se confunden, el caos ha vuelto. Ahora, en Inglaterra, se confunden con demasiada frecuencia y aunque nuestros puritanos modernos no pueden destruir una cosa bella, sin embargo, por medio de su extraordinaria prurito, casi pueden manchar la belleza por un momento. Es principalmente, lamento decirlo, a través del periodismo que tales personas encuentran expresión. Lo lamento porque hay mucho que decir a favor del periodismo moderno. Al darnos las opiniones de los incultos, nos mantiene en contacto con la ignorancia de la comunidad. Al relatar cuidadosamente la actualidad de la vida contemporánea, nos muestra la escasa importancia que realmente tienen esos acontecimientos. Al discutir invariablemente lo innecesario, nos hace comprender qué cosas son necesarias para la cultura y cuáles no. Pero no debe permitir que el pobre Tartufo escriba artículos sobre el arte moderno. Cuando hace esto se embrutece a sí mismo. Y sin embargo, los artículos de Tartufo y las notas de Chadband hacen al menos este bien. Sirven para mostrar lo extremadamente limitado que es el ámbito sobre el que la ética, y las consideraciones éticas, pueden pretender ejercer su influencia. La ciencia está fuera del alcance de la moral, pues sus ojos están fijos en las verdades eternas. El arte está fuera del alcance de la moral, pues sus ojos están fijos en las cosas bellas e inmortales y siempre cambiantes. A la moral pertenecen las esferas inferiores y menos intelectuales. Sin embargo, dejemos pasar a estos puritanos de boca grande; tienen su lado cómico. ¿Quién puede evitar reírse cuando un periodista corriente propone seriamente limitar el tema a disposición del artista? Alguna limitación bien podría imponerse, y pronto lo hará, espero, a algunos de nuestros periódicos y escritores de periódicos. Porque nos ofrecen los hechos escuetos, sórdidos y repugnantes de la vida. Hacen la crónica, con una avidez degradante, de los pecados de los de segunda categoría, y con la concienzudez de los analfabetos nos dan detalles precisos y prosaicos de las acciones de personas que no tienen absolutamente ningún interés. Pero el artista, que acepta los hechos de la vida, y sin embargo los transforma en formas de belleza, y los convierte en vehículos de piedad o de sobrecogimiento, y muestra su elemento de color, y su maravilla, y también su verdadera importancia ética, y construye a partir de ellos un mundo más real que la realidad misma, y de una importancia más elevada y más noble... ¿quién le pondrá límites? No los apóstoles de ese nuevo Periodismo que no es sino la vieja vulgaridad «escrita en grandes letras». No los apóstoles de ese nuevo Puritanismo, que no es sino el quejido del hipócrita, y que se escribe y se habla mal. La mera sugerencia es ridícula. Dejemos a estos malvados, y procedamos a la discusión de las cualificaciones artísticas necesarias para el verdadero crítico.

ERNEST. ¿Y cuáles son? Dímelo tú mismo.

GILBERT. El temperamento es el requisito primordial para el crítico: un temperamento exquisitamente susceptible a la belleza y a las diversas impresiones que esta nos produce. En qué condiciones, y por qué medios, se engendra este temperamento en la raza o en el individuo, no lo discutiremos en este momento. Basta con señalar que existe, y que hay en nosotros un sentido de la belleza, separado de los otros sentidos y por encima de ellos, separado de la razón y de más noble importancia, separado del alma y de igual valor... un sentido que lleva a algunos a crear, y a otros, los espíritus más finos según creo, a contemplar meramente. Pero, para purificarse y perfeccionarse, este sentido requiere alguna forma de ambiente exquisito. Sin esto se muere de hambre, o se embota. Recordarás ese hermoso pasaje en el que Platón describe cómo debe educarse a un joven griego y con qué insistencia remarca la importancia del entorno, diciéndonos cómo debe educarse al muchacho en medio de bellas vistas y sonidos, para que la belleza de las cosas materiales prepare su alma para la recepción de la belleza que es espiritual. Insensiblemente, y sin saber por qué, ha de desarrollar ese amor real por la belleza que, como Platón no se cansa de recordarnos, es el verdadero objetivo de la educación. Gradualmente, debe engendrarse en él un temperamento tal que le lleve natural y sencillamente a elegir lo bueno con preferencia a lo malo y, rechazando lo que es vulgar y discordante, a seguir por fino gusto instintivo todo lo que posee gracia y encanto y hermosura. A la larga, en su debido curso, este gusto ha de convertirse en crítico y autoconsciente, pero al principio ha de existir puramente como un instinto cultivado, y «quien haya recibido esta verdadera cultura del hombre interior percibirá con visión clara y certera las omisiones y los defectos del arte o de la naturaleza, y con un gusto que no puede errar, mientras alaba y encuentra su placer en lo que es bueno, y lo recibe en su alma, y así se vuelve bueno y noble, con razón reprochará y odiará lo malo, ya en los días de su juventud, incluso antes de ser capaz de conocer la razón»; y así, cuando más tarde se desarrolle en él el espíritu crítico y consciente de sí mismo, «lo reconocerá y saludará como a un amigo con el que su educación le ha hecho familiarizarse desde hace mucho tiempo». No hace falta que diga, Ernest, lo lejos que nos hemos quedado en Inglaterra de este ideal, y puedo imaginarme la sonrisa que iluminaría el lustroso rostro del filisteo si uno se aventurara a sugerirle que el verdadero objetivo de la educación era el amor a la belleza, y que los métodos por los que la educación debería funcionar eran el desarrollo del temperamento, el cultivo del gusto y la creación del espíritu crítico.

Sin embargo, incluso para nosotros, queda algo de la belleza del entorno, y la torpeza de tutores y profesores importa muy poco cuando uno puede holgazanear en los grises claustros de Magdalen, y escuchar alguna voz aflautada cantando en la capilla de Waynfleete, o tumbarse en el verde prado, entre las extrañas fritillarias con manchas de serpiente, y ver cómo el mediodía quemado por el sol golpea hasta convertir en oro más fino las aspas doradas de la torre, o pasear por la escalera de Christ Church bajo los abanicos sombríos del techo abovedado, o atravesar la puerta esculpida del edificio de Laud en el College of St. John. Tampoco es sólo en Oxford, o en Cambridge, donde el sentido de la belleza puede formarse, entrenarse y perfeccionarse. En toda Inglaterra hay un Renacimiento de las Artes decorativas. La fealdad ha tenido su día. Incluso en las casas de los ricos hay gusto, y las casas de los que no son ricos se han hecho graciosas y acogedoras y dulces para vivir en ellas. Calibán, pobre y ruidoso Calibán, cree que cuando ha dejado de burlarse de una cosa, la cosa deja de existir. Pero si ya no se burla, es porque se ha encontrado con una burla más rápida y aguda que la suya, y por un momento ha sido amargamente escarmentado en ese silencio que debería sellar para siempre sus groseros labios distorsionados. Lo que se ha hecho hasta ahora, ha sido principalmente despejar el camino. Siempre es más difícil destruir que crear, y cuando lo que uno tiene que destruir es la vulgaridad y la estupidez, la tarea de destrucción no sólo requiere valor, sino también desprecio. Sin embargo, me parece que, en cierta medida, se ha hecho. Nos hemos deshecho de lo que era malo. Ahora tenemos que hacer lo que es bello. Y aunque la misión del movimiento estético es atraer a la gente a la contemplación, no llevarla a la creación, sin embargo, como el instinto creativo es fuerte en el celta, y es el celta quien lidera en el arte, no hay razón para que en años futuros este extraño Renacimiento no se convierta en algo casi tan poderoso a su manera como lo fue aquel nuevo nacimiento del Arte que despertó hace muchos siglos en las ciudades de Italia.

Ciertamente, para el cultivo del temperamento, debemos recurrir a las artes decorativas; a las artes que nos conmueven, no a las artes que nos enseñan. Los cuadros modernos son, sin duda, deliciosos de mirar. Al menos, algunos de ellos lo son. Pero es imposible convivir con ellos; son demasiado inteligentes, demasiado asertivos, demasiado intelectuales. Su significado es demasiado obvio y su método está definido con demasiada claridad. Uno agota lo que tienen que decir en muy poco tiempo, y entonces se vuelven tan tediosos como sus relaciones. Me gusta mucho la obra de muchos de los pintores impresionistas de París y Londres. La sutileza y la distinción aún no han abandonado la escuela. Algunos de sus arreglos y armonías sirven para recordarle a uno la belleza inabordable de la inmortal *Symphonie en Blanc Majeur* de Gautier, esa obra maestra impecable de color y música que puede haber sugerido el tipo así como los títulos de muchos de sus mejores cuadros. Para una clase que acoge a los incompetentes con simpática avidez, y que confunde lo extraño con lo bello, y la vulgaridad con la verdad, son extremadamente consumados. Pueden hacer grabados que tienen la brillantez de los epigramas, pasteles que son tan fascinantes como las paradojas, y en cuanto a sus retratos, diga lo que diga el vulgo en su contra, nadie puede negar que poseen ese encanto único y maravilloso que pertenece a las obras de pura ficción. Pero ni siquiera los impresionistas, por muy serios y laboriosos que sean, logran hacerlo. A mí me gustan. Su nota dominante blanca, con sus variaciones en lila, fue toda una época en color. Aunque el momento no hace al hombre, el momento ciertamente hace al impresionista, y para el momento en el arte, y el «monumento del momento», como lo expresó Rossetti, ¿qué no se puede decir? También son sugerentes. Si no han abierto los ojos a los ciegos, al menos han dado un gran estímulo a los miopes, y aunque sus líderes puedan tener toda la inexperiencia de la vejez, sus jóvenes son demasiado sabios para ser nunca sensatos. Sin embargo, insistirán en tratar la pintura como si fuera un modo de autobiografía inventado para el uso de los analfabetos, y siempre están alardeando ante nosotros en sus toscos lienzos arenosos de sus innecesarios yoes y sus innecesarias opiniones, y estropeando con un vulgar énfasis excesivo ese fino desprecio de la naturaleza que es lo mejor y lo único modesto de ellos. Uno se cansa, al final, de la obra de individuos cuya individualidad es siempre ruidosa, y generalmente carente de interés. Hay mucho más que decir a favor de esa escuela más reciente de París, los *Archaicistes*, como se llaman a sí mismos, que, negándose a dejar al artista totalmente a merced del tiempo, no encuentran el ideal del arte en el mero efecto atmosférico, sino que buscan más bien la belleza imaginativa del diseño y la belleza del color, y rechazando el tedioso realismo de quienes se limitan a pintar lo que ven, intentan ver algo que merezca la pena ver, y verlo no sólo con la visión real y física, sino con esa visión más noble del alma que es tanto más amplia en su alcance espiritual como mucho más espléndida en su propósito artístico. Ellos, en cualquier caso, trabajan bajo esas condiciones decorativas que cada arte requiere para su perfección, y tienen suficiente instinto estético para lamentar esas sórdidas y estúpidas limitaciones de modernidad absoluta de la forma que han demostrado ser la ruina de tantos de los impresionistas. Aun así, el arte francamente decorativo es el arte con el que hay que vivir. Es, de todas nuestras artes visibles, el único arte que crea en nosotros tanto estado de ánimo como temperamento. El mero color, desprovisto de significado y de una forma definida, puede hablar al alma de mil maneras diferentes. La armonía que reside en las delicadas proporciones de líneas y masas se refleja en la mente. Las repeticiones del patrón nos dan descanso. Las maravillas del diseño avivan la imaginación. En la mera belleza de los materiales empleados hay elementos latentes de cultura. Y esto no es todo. Por su rechazo deliberado de la Naturaleza como ideal de belleza, así como del método imitativo del pintor ordinario, el arte decorativo no sólo prepara el alma para la recepción del verdadero trabajo imaginativo, sino que desarrolla en ella ese sentido de la forma que es la base del logro creativo no menos que del crítico. Porque el verdadero artista es aquel que procede, no del sentimiento a la forma, sino de la forma al pensamiento y a la pasión. No concibe primero una idea y luego se dice a sí mismo: «Pondré mi idea en una métrica compleja de catorce versos», sino que, al darse cuenta de la belleza del esquema del soneto, concibe ciertos modos de música y métodos de rima, y la mera forma sugiere lo que ha de llenarla y hacerla intelectual y emocionalmente completa. De vez en cuando, el mundo clama contra algún encantador poeta artístico porque, para utilizar su manida y tonta frase, no tiene «nada que decir». Pero si tuviera algo que decir, probablemente lo diría, y el resultado sería tedioso. Precisamente porque no tiene ningún mensaje nuevo, puede hacer obras hermosas. Obtiene su inspiración de la forma, y de la forma puramente, como debe hacer un artista. Una verdadera pasión lo arruinaría. Lo que realmente ocurre se echa a perder para el arte. Toda mala poesía surge de un sentimiento genuino. Ser natural es ser obvio, y ser obvio es ser inartístico.

ERNEST. Me pregunto si realmente crees lo que dices.

GILBERT. ¿Por qué deberías preguntártelo? No sólo en el arte el cuerpo es el alma. En todas las esferas de la vida, la forma es el principio de las cosas. Los gestos rítmicos y armoniosos de la danza transmiten, nos dice Platón, tanto el ritmo como la armonía a la mente. Las formas son el alimento de la fe, clamó Newman en uno de esos grandes momentos de sinceridad que nos hacen admirar y conocer al hombre. Tenía razón, aunque puede que no supiera lo terriblemente acertado que estaba. Los Credos se creen, no porque sean racionales, sino porque se repiten. Sí, la forma lo es todo. Es el secreto de la vida. Encuentra expresión para una pena, y se convertirá en algo querido para ti. Encuentra expresión para una alegría, e intensificará tu éxtasis. ¿Deseas amar? Utiliza la Letanía del Amor, y las palabras crearán el anhelo del que el mundo imagina que brotan. ¿Tienes una pena que te corroe el corazón? Hazte del Lenguaje de la pena, aprende su pronunciación del Príncipe Hamlet y de la Reina Constanza, y descubrirás que la mera expresión es un modo de consuelo, y que la Forma, que es el nacimiento de la pasión, es también la muerte del dolor. Y así, para volver a la esfera del Arte, es la Forma la que crea no sólo el temperamento crítico sino también el instinto estético, ese instinto infalible que le revela a uno todas las cosas en sus condiciones de belleza. Empieza por el culto a la forma, y no habrá secreto en el arte que no te sea revelado, y recuerda que en la crítica, como en la creación, el temperamento lo es todo, y que es, no por la época de su producción, sino por los temperamentos a los que apelan, por lo que las escuelas de arte deben agruparse históricamente.

ERNEST. Tu teoría de la educación es encantadora. Pero, ¿qué influencia tendrá tu crítica, educada en este exquisito entorno? ¿Realmente crees que algún artista se ve afectado por la crítica?

GILBERT. La influencia del crítico será el mero hecho de su propia existencia. Representará el tipo impecable. En él se verá realizada la cultura del siglo. No debe pedírsele otro objetivo que el perfeccionamiento de sí mismo. La exigencia del intelecto, como bien se ha dicho, es simplemente sentirse vivo. El crítico puede, en efecto, desear ejercer influencia pero, si es así, no se ocupará del individuo, sino de la época, a la que tratará de despertar a la conciencia y hacerla receptiva, creando en ella nuevos deseos y apetitos, y prestándole su visión más amplia y sus estados de ánimo más nobles. El arte actual le ocupará menos que el arte de mañana, mucho menos que el arte de ayer, y en cuanto a esta o aquella persona que actualmente se afana, ¿qué importan los laboriosos? Hacen lo que pueden, sin duda, y en consecuencia obtenemos lo peor de ellos. Siempre se hace el peor trabajo con las mejores intenciones. Y además, mi querido Ernest, cuando un hombre alcanza la edad de cuarenta años, o se convierte en Académico Real, o es elegido miembro del Athenaeum Club, o es reconocido como un novelista popular, cuyos libros son muy solicitados en las estaciones de tren suburbanas, uno puede tener la diversión de exponerlo, pero no puede tener el placer de reformarlo. Y esto es, me atrevería a decir, muy afortunado para él; porque no tengo ninguna duda de que la reforma es un proceso mucho más doloroso que el castigo, es de hecho el castigo en su forma más agravada y moral, un hecho que explica todo nuestro fracaso como comunidad a la hora de recuperar a ese interesante fenómeno que se llama el criminal empedernido.

ERNEST. ¿Pero no será que el poeta es el mejor juez de la poesía, y el pintor de la pintura? Cada arte debe apelar principalmente al artista que trabaja en él. ¿Su juicio será seguramente el más valioso?

GILBERT. El atractivo de todo arte se dirige simplemente al temperamento artístico. El arte no se dirige al especialista. Su pretensión es que es universal, y que en todas sus manifestaciones es una. De hecho, lejos de ser cierto que el artista es el mejor juez del arte, un artista realmente grande nunca puede juzgar en absoluto el trabajo de los demás y, de hecho, apenas puede juzgar el suyo propio. Esa misma concentración de la visión que hace de un hombre un artista, limita por su pura intensidad su facultad de apreciación fina. La energía de la creación le precipita ciegamente hacia su propia meta. Las ruedas de su carroza levantan el polvo como una nube a su alrededor. Los dioses se ocultan unos a otros. Pueden reconocer a sus adoradores. Eso es todo.

ERNEST. Tú dices que un gran artista no puede reconocer la belleza de una obra diferente a la suya.

GILBERT. Es imposible que lo haga. Wordsworth vio en *Endimión* una mera pieza bonita de paganismo, y Shelley, con su aversión a la actualidad, hizo oídos sordos al mensaje de Wordsworth, pues le repugnaba su forma, y Byron, esa gran criatura humana apasionada e incompleta, no pudo apreciar ni al poeta de la nube ni al poeta del lago, y la maravilla de Keats le fue ocultada. El realismo de Eurípides era odioso para Sófocles. Las gotas de cálidas lágrimas no tenían música para él. Milton, con su sentido del gran estilo, no podía entender el método de Shakespeare, como tampoco Sir Joshua podía entender el método de Gainsborough. Los malos artistas siempre admiran el trabajo de los demás. Lo llaman ser amplios de miras y estar libres de prejuicios. Pero un artista verdaderamente grande no puede concebir que la vida se muestre, o que la belleza se modele, en otras condiciones que no sean las que él ha seleccionado. La creación emplea toda su facultad crítica dentro de su propia esfera. No puede utilizarla en la esfera que pertenece a otros. Es precisamente porque un hombre no puede hacer una cosa por lo que es el juez apropiado de ella.

ERNEST. ¿Lo dices en serio?

GILBERT. Sí, porque la creación limita, mientras que la contemplación amplía, la visión.

ERNEST. Pero, ¿qué hay de la técnica? ¿Seguro que cada arte tiene su propia técnica?

GILBERT. Ciertamente, cada arte tiene su gramática y sus materiales. No hay misterio en ninguno de los dos, y el incompetente siempre puede estar en lo correcto. Pero, aunque las leyes sobre las que descansa el arte puedan ser fijas y ciertas, para encontrar su verdadera realización deben ser tocadas por la imaginación hasta tal belleza que parezcan una excepción, cada una de ellas. La técnica es realmente personalidad. Esa es la razón por la que el artista no puede enseñarla, por la que el alumno no puede aprenderla y por la que el crítico estético no puede comprenderla. Para el gran poeta, sólo existe un método musical: el suyo. Para el gran pintor, sólo hay una manera de pintar... la que él mismo emplea. El crítico estético, y sólo él, puede apreciar todas las formas y modos. Es a él a quien el Arte hace su llamamiento.

ERNEST. Bueno, creo que ya te he planteado todas mis preguntas. Y ahora debo admitir...

GILBERT. ¡Ah! No digas que estás de acuerdo conmigo. Cuando la gente está de acuerdo conmigo siempre siento que debo estar equivocado.

ERNEST. En ese caso desde luego no te diré si estoy de acuerdo contigo o no. Pero te plantearé otra cuestión. Tú me has explicado que la crítica es un arte creativo. ¿Qué futuro tiene?

GILBERT. El futuro pertenece a la crítica. El tema a disposición de la creación se vuelve cada día más limitado en extensión y variedad. La Providencia y Mr. Walter Besant han agotado lo obvio. Si la creación ha de perdurar, sólo podrá hacerlo a condición de volverse mucho más crítica de lo que es en la actualidad. Los viejos caminos y las polvorientas carreteras han sido recorridos con demasiada frecuencia. Su encanto se ha desgastado por el andar pesado, y han perdido ese elemento de novedad o sorpresa que es tan esencial para el romance. El que quiera conmovernos ahora con la ficción debe, o bien darnos un trasfondo totalmente nuevo, o bien revelarnos el alma del hombre en su funcionamiento más íntimo. Lo primero lo hace por el momento para nosotros Mr. Rudyard Kipling. Al pasar las páginas de sus *Cuentos sencillos de las colinas*, uno se siente como si estuviera sentado bajo una palmera leyendo la vida con soberbios destellos de vulgaridad. Los brillantes colores de los bazares deslumbran los ojos. Los hastiados angloindios de segunda categoría están en exquisita incongruencia con su entorno. La mera falta de estilo del narrador confiere un extraño realismo periodístico a lo que nos cuenta. Desde el punto de vista de la literatura, Mr. Kipling es un genio al que se le escucha el acento. Desde el punto de vista de la vida, es un reportero que conoce la vulgaridad mejor de lo que nadie la ha conocido jamás. Dickens conocía sus ropajes y su comicidad. Mr. Kipling conoce su esencia y su seriedad. Es nuestra primera autoridad en la segunda categoría, ha visto cosas maravillosas por el ojo de la cerradura y sus fondos son verdaderas obras de arte. En cuanto a la segunda condición, hemos tenido a Browning, y Meredith está con nosotros. Pero aún queda mucho por hacer en el ámbito de la introspección. A veces se dice que la ficción se está volviendo demasiado morbosa. En lo que respecta a la psicología, nunca ha sido lo suficientemente morbosa. Nos hemos limitado a tocar la superficie del alma, eso es todo. En una sola célula de marfil del cerebro se almacenan cosas más maravillosas y más terribles de lo que ni siquiera han soñado quienes, como el autor de *Le Rouge et le Noir,* han intentado rastrear el alma hasta sus lugares más secretos y hacer que la vida confiese sus pecados más queridos. Aún así, existe un límite incluso para el número de antecedentes no probados, y es posible que un mayor desarrollo del hábito de la introspección pueda resultar fatal para esa facultad creativa a la que pretende suministrar material fresco. Yo mismo me inclino a pensar que la creación está condenada. Brota de un impulso demasiado primitivo, demasiado natural. Sea como fuere, lo cierto es que la materia a disposición de la creación siempre disminuye, mientras que la materia de la crítica aumenta cada día. Siempre hay nuevas actitudes para la mente, y nuevos puntos de vista. El deber de imponer la forma al caos no disminuye a medida que avanza el mundo. Nunca hubo una época en la que la crítica fuera más necesaria que ahora. Sólo a través de ella puede la Humanidad tomar conciencia del punto al que ha llegado.

Hace horas, Ernest, me preguntaste por el uso de la crítica. También podrías haberme preguntado por el uso del pensamiento. Es la Crítica, como señala Arnold, la que crea la atmósfera intelectual de la época. Es la Crítica, como espero señalar yo mismo algún día, la que hace de la mente un instrumento fino. Nosotros, en nuestro sistema educativo, hemos sobrecargado la memoria con una carga de hechos inconexos, y nos esforzamos laboriosamente por impartir nuestros conocimientos laboriosamente adquiridos. Enseñamos a la gente a recordar, pero nunca a crecer. Nunca se nos ha ocurrido intentar desarrollar en la mente una cualidad más sutil de aprehensión y discernimiento. Los griegos lo hicieron, y cuando entramos en contacto con el intelecto crítico griego, no podemos sino ser conscientes de que, aunque nuestra materia es en todos los aspectos más amplia y variada que la suya, el suyo es el único método por el que esta materia puede interpretarse. Inglaterra ha hecho una cosa: ha inventado y establecido la Opinión Pública, que es un intento de organizar la ignorancia de la comunidad y de elevarla a la dignidad de la fuerza física. Pero la Sabiduría siempre ha estado oculta para ella. Considerada como un instrumento del pensamiento, la mente inglesa es tosca y subdesarrollada. Lo único que puede purificarla es el crecimiento del instinto crítico.

Es la crítica, de nuevo, la que, mediante la concentración, hace posible la cultura. Toma la engorrosa masa del trabajo creativo y la destila en una esencia más fina. ¿Quién que desee conservar algún sentido de la forma podría luchar a través de los monstruosos libros multitudinarios que el mundo ha producido, libros en los que el pensamiento tartamudea o la ignorancia se debate? El hilo que ha de guiarnos a través del fatigoso laberinto está en manos de la Crítica. Es más, allí donde no hay registros y la historia se ha perdido o nunca se escribió, la Crítica puede recrear el pasado para nosotros a partir del más pequeño fragmento de lenguaje o arte, con la misma seguridad con la que el hombre de ciencia puede, a partir de un hueso diminuto o de la mera huella de un pie sobre una roca, recrear para nosotros el dragón alado o el lagarto Titán que una vez hizo temblar la tierra bajo su pisada, puede sacar a Behemoth de su cueva y hacer que Leviatán nade de nuevo por el mar agitado. La historia prehistórica pertenece al crítico filológico y arqueológico. Es a él a quien se revelan los orígenes de las cosas. Los depósitos autoconscientes de una época son casi siempre engañosos. Sólo a través de la crítica filológica sabemos más de los siglos de los que no se ha conservado ningún registro real, que de los siglos que nos han dejado sus pergaminos. Puede hacer por nosotros lo que no pueden hacer ni la física ni la metafísica. Puede darnos la ciencia exacta de la mente en proceso de devenir. Puede hacer por nosotros lo que la Historia no puede hacer. Puede decirnos lo que el hombre pensaba antes de aprender a escribir. Me has preguntado por la influencia de la Crítica. Creo que ya he respondido a esa pregunta; pero también hay que decir esto. Es el Criticismo el que nos hace cosmopolitas. La escuela de Manchester intentó que los hombres se dieran cuenta de la fraternidad de la humanidad, señalando las ventajas comerciales de la paz. Trató de degradar el maravilloso mundo en un mercado común para el comprador y el vendedor. Se dirigió a los instintos más bajos, y fracasó. La guerra siguió a la guerra, y el credo del comerciante no impidió que Francia y Alemania se enfrentaran en una batalla manchada de sangre. Hay otros en nuestros días que tratan de apelar a meras simpatías emocionales, o a los dogmas superficiales de algún vago sistema de ética abstracta. Tienen sus Sociedades de Paz, tan queridas por los sentimentalistas, y sus propuestas de Arbitraje Internacional sin armas, tan populares entre quienes nunca han leído historia. Pero la mera simpatía emocional no servirá. Es demasiado variable, y está demasiado estrechamente relacionada con las pasiones; y una junta de árbitros que, por el bienestar general de la raza, van a ser privados del poder de poner sus decisiones en ejecución, no será de mucha utilidad. Sólo hay una cosa peor que la Injusticia, y es la Justicia sin su espada en la mano. Cuando el Derecho no es Poder, es Maldad.

No, las emociones no nos harán cosmopolitas, como tampoco podría hacerlo el afán de lucro. Sólo mediante el cultivo del hábito de la crítica intelectual podremos elevarnos por encima de los prejuicios raciales. Goethe —no malinterpretarás lo que digo— era un alemán de los alemanes. Amaba a su país; nadie más que él. Su pueblo le era querido; y él lo dirigía. Sin embargo, cuando la pezuña de hierro de Napoleón pisoteó viñedos y maizales, sus labios callaron. «¿Cómo se pueden escribir canciones de odio sin odiar?», le dijo a Eckermann, «¿y cómo podría yo, para quien la cultura y la barbarie son lo único importante, odiar a una nación que se encuentra entre las más cultivadas de la tierra y a la que debo una gran parte de mi propio cultivo?». Esta nota, sonada en el mundo moderno por Goethe en primer lugar, se convertirá, creo, en el punto de partida del cosmopolitismo del futuro. La crítica aniquilará los prejuicios raciales, insistiendo en la unidad de la mente humana en la variedad de sus formas. Si tenemos la tentación de hacer la guerra a otra nación, recordaremos que estamos tratando de destruir un elemento de nuestra propia cultura, y posiblemente su elemento más importante. Mientras la guerra se considere perversa, siempre tendrá su fascinación. Cuando se la considere vulgar, dejará de ser popular. El cambio será, por supuesto, lento, y la gente no será consciente de ello. No dirán: «No haremos la guerra a Francia porque su prosa es perfecta», pero como la prosa de Francia es perfecta, no odiarán al país. La crítica intelectual unirá a Europa en lazos mucho más estrechos que los que puedan forjar el tendero o el sentimentalista. Nos dará la paz que brota de la comprensión.

Y esto no es todo. Es la Crítica la que, no reconociendo ninguna posición como definitiva, y negándose a atarse a los superficiales tabúes de cualquier secta o escuela, crea ese sereno temperamento filosófico que ama la verdad por sí misma, y no la ama menos porque sabe que es inalcanzable. ¡Qué poco tenemos de este temperamento en Inglaterra, y cuánto lo necesitamos! La mente inglesa está siempre alborotada. El intelecto de la raza se desperdicia en las sórdidas y estúpidas disputas de políticos de segunda o teólogos de tercera. Estaba reservado a un hombre de ciencia mostrarnos el ejemplo supremo de esa «dulce sensatez» de la que Arnold habló tan sabiamente y, ¡ay! con tan poco efecto. El autor de *El origen de las especies* tenía, en cualquier caso, el temperamento filosófico. Si uno contempla los púlpitos y estrados ordinarios de Inglaterra, no puede sino sentir el desprecio de Julian, o la indiferencia de Montaigne. Estamos dominados por el fanático, cuyo peor vicio es su sinceridad. Cualquier cosa que se aproxime al libre juego de la mente es prácticamente desconocida entre nosotros. La gente clama contra el pecador, y sin embargo no es el pecador, sino el estúpido, quien es nuestra vergüenza. No hay más pecado que la estupidez.

ERNEST. ¡Ah! ¡Cómo amas las antinomias!

GILBERT. El crítico artístico, como el místico, ama siempre las antinomias. Ser bueno, según la norma vulgar de la bondad, es obviamente bastante fácil. Sólo requiere cierta cantidad de terror sórdido, cierta falta de pensamiento imaginativo y cierta baja pasión por la respetabilidad de la clase media. La estética está por encima de la ética. Pertenece a una esfera más espiritual. Discernir la belleza de una cosa es el punto más fino al que podemos llegar. Incluso el sentido del color es más importante en el desarrollo del individuo, que el sentido del bien y del mal. La Estética, de hecho, es a la Ética en la esfera de la civilización consciente, lo que, en la esfera del mundo exterior, lo sexual es a la selección natural. La ética, como la selección natural, hace posible la existencia. La estética, como la selección sexual, hace que la vida sea encantadora y maravillosa, la llena de nuevas formas y le da progreso, y variedad y cambio. Y cuando alcanzamos la verdadera cultura que es nuestro objetivo, llegamos a esa perfección con la que han soñado los santos, la perfección de aquellos a quienes el pecado es imposible, no porque hagan las renuncias del asceta, sino porque pueden hacer todo lo que desean sin herir el alma, y no pueden desear nada que pueda hacer daño al alma, siendo el alma una entidad tan divina que es capaz de transformar en elementos de una experiencia más rica, o de una susceptibilidad más fina, o de un modo de pensamiento más nuevo, actos o pasiones que con el común serían vulgares, o con el inculto innobles, o con el vergonzoso viles. ¿Es esto peligroso? Sí, es peligroso, todas las ideas, como ya te he dicho, lo son. Pero la noche se cansa, y la luz parpadea en la lámpara. Una cosa más no puedo evitar decírtelo. Tú has hablado en contra de la crítica por considerarla algo estéril. El siglo XIX es un punto de inflexión en la historia, simplemente por la obra de dos hombres, Darwin y Renan, el uno el crítico del Libro de la Naturaleza, el otro el crítico de los libros de Dios. No reconocer esto es perderse el significado de una de las épocas más importantes en el progreso del mundo. La Creación siempre va por detrás de la época. Es la crítica la que nos guía. El Espíritu Crítico y el Espíritu del Mundo son uno.

ERNEST. ¿Y el que está en posesión de este espíritu, o a quien este espíritu posee, supongo que no hará nada?

GILBERT. Como la Perséfone de la que nos habla Landor, la dulce y pensativa Perséfone alrededor de cuyos blancos pies florecen el asfódelo y el amaranto, se sentará satisfecha «en esa profunda e inmóvil quietud que los mortales compadecen y que los dioses disfrutan». Contemplará el mundo y conocerá su secreto. Por el contacto con las cosas divinas se convertirá en divino. Suya será la vida perfecta, y sólo suya.

ERNEST. Me has dicho muchas cosas extrañas esta noche, Gilbert. Me has dicho que es más difícil hablar de una cosa que hacerla, y que no hacer nada en absoluto es la cosa más difícil del mundo; me has dicho que todo Arte es inmoral, y todo pensamiento peligroso; que la crítica es más creativa que la creación, y que la crítica más elevada es la que revela en la obra de Arte lo que el artista no había puesto allí; que es exactamente porque un hombre no puede hacer una cosa por lo que es el juez apropiado de ella; y que el verdadero crítico es injusto, insincero y no racional. Amigo mío, tú eres un soñador.

GILBERT. Sí, soy un soñador. Porque un soñador es aquel que sólo puede encontrar su camino a la luz de la luna, y su castigo es que ve el amanecer antes que el resto del mundo.

ERNEST. ¿Su castigo?

GILBERT. Y su recompensa. Pero, mira, ya está amaneciendo. Descorre las cortinas y abre las ventanas de par en par. ¡Qué fresco es el aire de la mañana! Piccadilly se extiende a nuestros pies como una larga cinta de plata. Una tenue bruma púrpura se cierne sobre el parque, y las sombras de las casas blancas son púrpuras. Es demasiado tarde para dormir. Bajemos a Covent Garden y miremos las rosas. ¡Vamos! Estoy cansado de pensar.

LA DECADENCIA DE LA MENTIRA

UN DIÁLOGO.
Personajes: Cyril y Vivian.
Escena: la biblioteca de una casa de campo en Nottinghamshire.

CYRIL *(entrando por la puerta-ventana abierta desde la terraza)*. Mi querido Vivian, no te encierres todo el día en la biblioteca. Es una tarde perfectamente encantadora. El aire es exquisito. Hay una bruma sobre los bosques, como la flor púrpura sobre un ciruelo. Vayamos a tumbarnos en la hierba a fumar cigarrillos y a disfrutar de la Naturaleza.

VIVIAN ¡Disfrutar de la Naturaleza! Me alegra decir que he perdido por completo esa facultad. La gente nos dice que el Arte nos hace amar a la Naturaleza más de lo que la amábamos antes, que nos revela sus secretos, y que tras un cuidadoso estudio de Corot y Constable vemos cosas en ella que habían escapado a nuestra observación. Mi propia experiencia es que cuanto más estudiamos el Arte, menos nos importa la Naturaleza. Lo que el Arte nos revela realmente es la falta de diseño de la Naturaleza, sus curiosas crudezas, su extraordinaria monotonía, su condición absolutamente inacabada. La Naturaleza tiene buenas intenciones, por supuesto, pero, como dijo una vez Aristóteles, no puede llevarlas a cabo. Cuando contemplo un paisaje no puedo evitar ver todos sus defectos. Sin embargo, es una suerte para nosotros que la Naturaleza sea tan imperfecta, ya que de lo contrario no tendríamos arte en absoluto. El arte es nuestra enérgica protesta, nuestro galante intento de enseñarle a la Naturaleza el lugar que le corresponde. En cuanto a la infinita variedad de la Naturaleza, eso es un puro mito. No se encuentra en la Naturaleza misma. Reside en la imaginación, o la fantasía, o la ceguera cultivada del hombre que la contempla.

CYRIL. Bueno, no hace falta que mires el paisaje. Puedes tumbarte en la hierba y fumar y hablar.

VIVIAN. Pero la naturaleza es tan incómoda. La hierba es dura y grumosa y húmeda, y está llena de espantosos insectos negros. Vaya, hasta el obrero más pobre de Morris podría hacerte un asiento más cómodo que toda la Naturaleza. La naturaleza palidece ante el mobiliario de «la calle que de Oxford ha tomado prestado su nombre», como lo expresó vilmente en una ocasión el poeta que tú tanto amas. No me quejo. Si la Naturaleza hubiera sido cómoda, la humanidad nunca habría inventado la arquitectura, y yo prefiero las casas al aire libre. En una casa todos sentimos las proporciones adecuadas. Todo está subordinado a nosotros, diseñado para nuestro uso y nuestro placer. El propio egoísmo, tan necesario para un sentido adecuado de la dignidad humana, es enteramente el resultado de la vida en interiores. Fuera de casa uno se vuelve abstracto e impersonal. La propia individualidad le abandona a uno por completo. Y entonces la Naturaleza es tan indiferente, tan poco apreciativa. Siempre que paseo por el parque de aquí, siento que no soy para ella más que el ganado que ramonea por la ladera o la bardana que florece en la zanja. Nada es más evidente que el echo que la Naturaleza odia la Mente. Pensar es lo más malsano del mundo, y la gente muere de ello igual que de cualquier otra enfermedad. Afortunadamente, en Inglaterra al menos, el pensamiento no es contagioso. Nuestro espléndido físico como pueblo se debe enteramente a nuestra estupidez nacional. Sólo espero que seamos capaces de mantener este gran baluarte histórico de nuestra felicidad durante muchos años; pero me temo que estamos empezando a estar sobreeducados; al menos todos los que son incapaces de aprender se han pasado a la enseñanza; a eso ha llegado realmente nuestro entusiasmo por la educación. Mientras tanto, será mejor que vuelvas a tu fatigosa e incómoda Naturaleza, y me dejes corregir mis borradores.

CYRIL ¡Escribiendo un artículo! Eso no es muy coherente después de lo que acabas de decir.

VIVIAN. ¿Quién quiere ser consecuente? El lerdo y el doctrinario, la gente tediosa que lleva sus principios hasta el amargo final de la acción, hasta la *reductio ad absurdum* de la práctica. Yo no. Como Emerson, escribo sobre la puerta de mi biblioteca la palabra «Capricho». Además, mi artículo es realmente una advertencia de lo más saludable y valiosa. Si se le presta atención, puede que haya un nuevo Renacimiento del Arte.

CYRIL. ¿Cuál es el tema?

VIVIAN. Pienso titularlo «La decadencia de la mentira: una protesta».

CYRIL. ¡Mentir! Habría pensado que nuestros políticos mantenían ese hábito.

VIVIAN. Te aseguro que no. Ellos nunca se elevan más allá del nivel de la tergiversación, y en realidad condescienden a probar, a discutir, a argumentar. ¡Qué diferente del temperamento del verdadero mentiroso, con sus declaraciones francas y sin miedo, su soberbia irresponsabilidad, su sano y natural desdén por las pruebas de cualquier tipo! Después de todo, ¿qué es una buena mentira? Simplemente aquella que es su propia prueba. Si un hombre es lo suficientemente poco imaginativo como para presentar pruebas en apoyo de una mentira, más le valdría decir la verdad de una vez. No, los políticos no lo harán. Algo puede, tal vez, instarse en nombre de la Abogacía. El manto de los sofistas ha caído sobre sus miembros. Sus ardores fingidos y su retórica irreal son deliciosos. Pueden hacer que lo peor parezca la mejor causa, como si estuvieran recién salidos de las escuelas leontinas, y se sabe que han arrancado de jurados reacios veredictos triunfantes de absolución para sus clientes, incluso cuando esos clientes, como sucede a menudo, eran clara e inequívocamente inocentes. Pero se guían por lo prosaico y no se avergüenzan de apelar a los precedentes. A pesar de sus esfuerzos, la verdad saldrá a la luz. Los periódicos, incluso, han degenerado. Ahora se puede confiar absolutamente en ellos. Uno lo siente al vadear sus columnas. Siempre aparece lo ilegible. Me temo que no hay mucho que decir a favor ni del abogado ni del periodista. Además, lo que estoy defendiendo es la mentira en el arte. ¿Te leo lo que he escrito? Podría hacerte mucho bien.

CYRIL. Desde luego, si me das un cigarrillo. Gracias. Por cierto, ¿para qué revista lo escribes?

VIVIAN. Para la *Retrospective Review*. Creo que te dije que los elegidos la habían reactivado.

CYRIL. ¿A quiénes te refieres con «los elegidos»?

VIVIAN. Oh, Los Hedonistas Cansados, por supuesto. Es un club al que pertenezco. Se supone que llevamos rosas descoloridas en nuestros ojales cuando nos reunimos, y que tenemos una especie de culto a Domiciano. Me temo que tú no reúnes los requisitos. Te gustan demasiado los placeres sencillos.

CYRIL. Supongo que me acusarían de espíritus animales.

VIVIAN. Probablemente. Además, tú eres demasiado mayor. No admitimos a nadie que tenga la edad habitual.

CYRIL. Bueno, me imagino que todos están bastante aburridos unos de otros.

VIVIAN. Así es. Ese es uno de los objetivos del club. Ahora, si prometes no interrumpir demasiado a menudo, te leeré mi artículo.

CYRIL. Encontrarás que soy todo atención.

VIVIAN *(leyendo con voz muy clara)*. LA DECADENCIA DE LA MENTIRA: UNA PROTESTA.— Una de las principales causas que pueden atribuirse al carácter curiosamente vulgar de la mayor parte de la literatura de nuestra época es, sin duda, la decadencia de la mentira como arte, como ciencia y como placer social. Los historiadores antiguos nos dieron una ficción deliciosa bajo la forma de hechos; el novelista moderno nos presenta hechos aburridos bajo la apariencia de ficción. El *Almanaque* se está convirtiendo rápidamente en su ideal tanto por su método como por su forma.

Tiene su tedioso *document humain,* su miserable *coin de la création,* en el que mira con su microscopio. Se le puede encontrar en la Librairie Nationale, o en el Museo Británico, leyendo descaradamente sobre su tema. Ni siquiera se atreve con las ideas ajenas, sino que insiste en ir directamente a la vida para todo, y al final, entre enciclopedias y experiencia personal, llega al suelo, habiendo sacado sus tipologías del círculo familiar o de la lavandera semanal, y habiendo adquirido una cantidad de información útil de la que nunca, ni siquiera en sus momentos más meditativos, puede liberarse del todo.

«Difícilmente puede sobrestimarse la pérdida que supone para la literatura en general este falso ideal de nuestro tiempo. La gente tiene la despreocupación de hablar de un "mentiroso nato", igual que hablan de un "poeta nato". Pero en ambos casos se equivocan. La mentira y la poesía son artes —artes, como vio Pinto, no ajenas entre sí— y requieren el estudio más cuidadoso, la devoción más desinteresada. De hecho, tienen su técnica, al igual que las artes más materiales de la pintura y la escultura, sus sutiles secretos de forma y color, sus misterios artesanales, sus deliberados métodos artísticos. Al igual que se conoce al poeta por su fina música, también se puede reconocer al mentiroso por su rica expresión rítmica, y en ninguno de los dos casos bastará la inspiración casual del momento. Aquí, como en todas partes, la práctica debe, preceder a la perfección. Pero en los tiempos modernos, mientras que la moda de escribir poesía se ha vuelto demasiado común y, si es posible, debería desalentarse, la moda de mentir casi ha caído en descrédito. Muchos jóvenes comienzan su vida con un don natural para la exageración que, si se alimentara en un entorno agradable y comprensivo, o mediante la imitación de los mejores modelos, podría convertirse en algo realmente grande y maravilloso. Pero, por regla general, no llega a nada. O bien cae en hábitos descuidados de exactitud...».

CYRIL. ¡Mi querido amigo!

VIVIAN. Por favor, no interrumpas a la mitad de una frase. «O bien cae en hábitos descuidados de exactitud, o bien se dedica a frecuentar la sociedad de los ancianos y los bien informados. Ambas cosas son igualmente fatales para su imaginación, como de hecho lo serían para la imaginación de cualquiera, y en poco tiempo desarrolla una mórbida y malsana facultad de decir la verdad, empieza a verificar todas las afirmaciones que se hacen en su presencia, no duda en contradecir a personas mucho más jóvenes que él, y a menudo acaba escribiendo novelas tan reales que nadie puede creer en su probabilidad. No es un caso aislado el que estamos dando. Es simplemente un ejemplo entre muchos; y si no se puede hacer algo para frenar, o al menos modificar, nuestra monstruosa adoración de los hechos, el Arte se volverá estéril y la belleza desaparecerá de la tierra.

«Incluso Mr. Robert Louis Stevenson, ese delicioso maestro de la prosa delicada y fantasiosa, está manchado de este vicio moderno, pues no conocemos positivamente otro nombre para él. Existe algo así como despojar a una historia de su realidad tratando de hacerla demasiado verídica, y *La flecha negra* es tan inartística que no contiene ni un solo anacronismo del que presumir, mientras que la transformación del Dr. Jekyll se lee peligrosamente como un experimento sacado de la revista *The Lancet*. En cuanto a Mr. Rider Haggard, que realmente tiene, o tuvo alguna vez, las hechuras de un mentiroso perfectamente magnífico, ahora tiene tanto miedo de ser sospechado de genialidad que, cuando nos cuenta algo maravilloso, se siente obligado a inventarse una reminiscencia personal y a ponerla en una nota a pie de página como una especie de corroboración cobarde. Tampoco nuestros otros novelistas son mucho mejores. Mr. Henry James escribe ficción como si fuera un penoso deber, y desperdicia en mezquinos motivos e imperceptibles "puntos de vista" su pulcro estilo literario, sus frases afortunadas, su sátira rápida y cáustica. Es cierto que Mr. Hall Caine aspira a lo grandioso, pero entonces escribe a gritos. Habla tan alto que uno no puede soportar lo que dice. Mr. James Payn es un experto en el arte de ocultar lo que no merece la pena ser encontrado. Caza lo obvio con el entusiasmo de un detective miope. A medida que uno pasa las páginas, el suspense del autor se hace casi insoportable. Los caballos del faetón de Mr. William Black no se elevan hacia el sol. Se limitan a asustar al cielo al atardecer con violentos efectos cromolitográficos. Al verlos acercarse, los campesinos se refugian en el dialecto. Mrs. Oliphant parlotea agradablemente sobre curas, partidos de tenis sobre hierba, domesticidad y otras cosas fastidiosas. Mr. Marion Crawford se ha inmolado en el altar del color local. Es como la dama de la comedia francesa que no para de hablar de *«le beau ciel d'Italie»*. Además, ha caído en la mala costumbre de pronunciar perogrulladas morales. Siempre nos está diciendo que ser bueno es ser bueno, y que ser malo es ser malvado. A veces resulta casi edificante. *Robert Elsmere* es, por supuesto, una obra maestra, una obra maestra del *"genre ennuyeux"*, la única forma de literatura que el pueblo inglés parece disfrutar a fondo. Un joven y reflexivo amigo nuestro nos dijo una vez que le recordaba al tipo de conversación que tiene lugar alrededor de un caldo de carne en casa de una seria familia no conformista, y podemos creerlo. De hecho, sólo en Inglaterra podría producirse un libro así. Inglaterra es el hogar de las ideas perdidas. En cuanto a esa gran escuela de novelistas, cada vez más numerosa, para quienes el sol siempre sale por el East-End, lo único que puede decirse de ellos es que encuentran la vida cruda y la dejan cruda.

«En Francia, aunque no se ha producido nada tan deliberadamente tedioso como *Robert Elsmere,* las cosas no van mucho mejor. M. Guy de Maupassant, con su aguda ironía mordaz y su duro estilo vívido, despoja a la vida de los pocos y pobres harapos que aún la cubren, y nos muestra la sucia y supurante herida. Escribe pequeñas tragedias escabrosas en las que todo el mundo hace el ridículo; comedias amargas de las que uno no puede reír por muy llorón que sea. M. Zola, fiel al elevado principio que establece en uno de sus pronunciamientos sobre literatura, *«L'homme de genie n'a jamais d'esprit»,* está decidido a demostrar que, si no tiene genio, al menos puede ser aburrido. Y ¡qué bien lo consigue! No le falta fuerza. De hecho, a veces, como en *Germinal,* hay algo casi épico en su obra. Pero su obra es totalmente errónea de principio a fin, y errónea no en el terreno de la moral, sino en el del arte. Desde cualquier punto de vista ético es justo lo que debería ser. El autor es perfectamente veraz, y describe las cosas exactamente como suceden. ¿Qué más puede desear cualquier moralista? No simpatizamos en absoluto con la indignación moral de nuestro tiempo contra M. Zola. Es simplemente la indignación de Tartufo al verse desenmascarado. Pero desde el punto de vista del arte, ¿qué se puede decir a favor del autor de *L'Assommoir, Nana* y *Pot-Bouille?* Nada. Mr. Ruskin describió una vez a los personajes de las novelas de George Eliot como si fueran la basura de un ómnibus de Pentonville, pero los personajes de M. Zola son mucho peores. Tienen sus vicios monótonos y sus virtudes más monótonas. El relato de sus vidas carece absolutamente de interés. ¿A quién le importa lo que les sucede? En literatura exigimos distinción, encanto, belleza y poder imaginativo. No queremos que se nos llene la boca de disgusto con un relato de las andanzas de los bajos fondos. M. Daudet es mejor. Tiene ingenio, un toque ligero y un estilo divertido. Pero últimamente se ha suicidado literariamente. A nadie puede importarle Delobelle con su *«Il faut lutter pour l'art»,* ni Valmajour con su eterno estribillo sobre el ruiseñor, ni el poeta en *Jack* con sus *«mots cruels»,* ahora que hemos aprendido de *Vingt ans de ma vie littéraire* que estos personajes fueron tomados directamente de la vida. Para nosotros parecen haber perdido de repente toda su vitalidad, todas las pocas cualidades que alguna vez poseyeron. Las únicas personas reales son las que nunca existieron, y si un novelista tiene la bajeza de acudir a la vida para sus personajes, al menos debería fingir que son creaciones, y no jactarse de que son copias. La justificación de un personaje en una novela no es que otras personas sean lo que son, sino que el autor sea lo que es. De lo contrario, la novela no es una obra de arte. En cuanto a M. Paul Bourget, el maestro del *roman psychologique,* comete el error de imaginar que los hombres y mujeres de la vida moderna son susceptibles de ser analizados infinitamente durante una serie innumerable de capítulos. En realidad, lo que interesa de la gente de la buena sociedad —y M. Bourget rara vez sale del Faubourg St. Germain, salvo para venir a Londres— es la máscara que lleva cada uno de ellos, no la realidad que se esconde tras la máscara. Es una confesión humillante, pero todos estamos hechos de la misma pasta. En Falstaff hay algo de Hamlet, en Hamlet hay no poco de Falstaff. El caballero gordo tiene sus estados de ánimo de melancolía, y el joven príncipe sus momentos de humor grosero. En lo que diferimos unos de otros es puramente en lo accidental: en el vestido, las maneras, el tono de voz, las opiniones religiosas, la apariencia personal, los caprichos en las costumbres y cosas por el estilo. Cuanto más se analiza a las personas, más desaparecen todas las razones para el análisis. Tarde o temprano se llega a esa espantosa cosa universal llamada naturaleza humana. De hecho, como sabe demasiado bien cualquiera que haya trabajado alguna vez entre los pobres, la fraternidad del hombre no es un mero sueño de poeta, es una realidad de lo más deprimente y humillante; y si un escritor insiste en analizar a las clases altas, podría escribir también sobre las vendedoras de fósforos y los carreros de una vez». Sin embargo, mi querido Cyril, no te entretendré más aquí. Admito perfectamente que las novelas modernas tienen muchos puntos buenos. Sólo insisto en que, como clase, son bastante ilegibles.

CYRIL. Ciertamente es una calificación muy grave, pero debo decir que creo que tú eres bastante injusto en algunas de tus críticas. Me gustan *El Deemster,* y *La hija de Heth,* y *Le Disciple,* y *Mr. Isaacs,* y en cuanto a *Robert Elsmere,* le tengo bastante devoción. No es que pueda considerarla una obra seria. Como exposición de los problemas a los que se enfrenta el cristiano serio es ridícula y anticuada. Es simplemente *Literatura y Dogma* de Arnold con la literatura omitida. Está tan atrasado con respecto a su época como las *Evidencias* de Paley, o el método de exégesis bíblica de Colenso. Tampoco podría haber nada menos impresionante que el desafortunado héroe anunciando gravemente un amanecer que surgió hace mucho tiempo, y tan completamente perdido su verdadero significado que se propone continuar el negocio de la antigua empresa bajo el nuevo nombre. Por otro lado, contiene varias caricaturas ingeniosas y un montón de citas deliciosas, y la filosofía de Green endulza muy agradablemente el trago algo amargo de la ficción del autor. Tampoco puedo evitar expresar mi sorpresa por el hecho de que no hayas dicho nada sobre los dos novelistas que siempre estás leyendo, Balzac y George Meredith. Sin duda, ambos son realistas.

VIVIAN. ¡Ah! ¡Meredith! ¿Quién puede definirlo? Su estilo es un caos iluminado por relámpagos. Como escritor lo domina todo excepto el lenguaje; como novelista puede hacerlo todo, excepto contar una historia: como artista es todo menos articulado. Alguien en Shakespeare — Touchstone, creo— habla de un hombre que siempre se está rompiendo las espinillas por su propio ingenio, y me parece que esto podría servir de base para una crítica del método de Meredith. Pero sea lo que sea, no es un realista. O más bien yo diría que es un hijo del realismo que no se habla con su padre. Por elección deliberada se ha hecho a sí mismo un romántico. Se ha negado a doblar la rodilla ante Baal y, después de todo, incluso si el fino espíritu del hombre no se rebelara contra las ruidosas afirmaciones del realismo, su estilo sería suficiente por sí mismo para mantener la vida a una distancia respetuosa. Con él ha plantado alrededor de su jardín un seto lleno de espinas y rojo de rosas maravillosas. En cuanto a Balzac, fue una combinación muy notable del temperamento artístico con el espíritu científico. Este último lo legó a sus discípulos. El primero era enteramente suyo. La diferencia entre un libro como *L'Assommoir* de M. Zola y las *Illusions perdues* de Balzac es la diferencia entre el realismo sin imaginación y la realidad imaginativa. «Todos los personajes de Balzac», decía Baudelaire, «están dotados del mismo ardor de vida que le animaba a él mismo. Todas sus ficciones están tan profundamente coloreadas como los sueños. Cada mente es un arma cargada hasta la boca del cañón con voluntad. Los mismísimos escultores tienen genio». Una corriente constante de Balzac reduce a nuestros amigos vivos a sombras, y a nuestros conocidos a sombras de sombras. Sus personajes tienen una especie de ferviente existencia de color de fuego. Nos dominan y desafían el escepticismo. Una de las mayores tragedias de mi vida es la muerte de Lucien de Rubempre. Es una pena de la que nunca he podido librarme por completo. Me persigue en mis momentos de placer. Me acuerdo de ella cuando me río. Pero Balzac no es más realista de lo que lo fue Holbein. Él creó la vida, no la copió. Admito, sin embargo, que concedió un valor demasiado alto a la modernidad de la forma y que, en consecuencia, no hay ningún libro suyo que, como obra maestra artística, pueda compararse con *Salammbô* o *Esmond*, o *El claustro y el hogar,* o el *Vizconde de Bragelonne.*

CYRIL. ¿Te opones entonces a la modernidad de las formas?

VIVIAN. Sí, es un precio enorme a pagar por un resultado muy pobre. La modernidad pura de la forma siempre es algo vulgarizante. No puede evitar serlo. El público se imagina que, como se interesa por su entorno inmediato, el arte debería interesarse también por él y tomarlo como tema. Pero el mero hecho de que se interesen por esas cosas las convierte en temas inadecuados para el Arte. Las únicas cosas bellas, como alguien dijo una vez, son las que no nos interesan. Mientras una cosa nos sea útil o necesaria, o nos afecte de algún modo, ya sea por dolor o por placer, o apele fuertemente a nuestras simpatías, o sea una parte vital del entorno en el que vivimos, está fuera de la esfera propia del arte. La materia del arte debería resultarnos más o menos indiferente. En todo caso, no deberíamos tener preferencias, ni prejuicios, ni sentimientos partidistas de ningún tipo. Precisamente porque Hécuba no es nada para nosotros, sus penas son un motivo tan admirable para una tragedia. No conozco nada en toda la historia de la literatura más triste que la carrera artística de Charles Reade. Escribió un hermoso libro, *El claustro y el hogar,* un libro tan superior a *Romola* como *Romola* lo es a *Daniel Deronda,* y desperdició el resto de su vida en un tonto intento de ser moderno, de llamar la atención del público sobre el estado de nuestras prisiones de convictos y la gestión de nuestros asilos mentales privados. Charles Dickens era suficientemente deprimente en conciencia cuando intentaba despertar nuestra simpatía por las víctimas de la administración de la ley de pobres; pero Charles Reade, un artista, un erudito, un hombre con un verdadero sentido de la belleza, enfureciéndose y bramando sobre los abusos de la vida contemporánea como un vulgar panfletista o un periodista sensacionalista, es realmente un espectáculo para que lloren los ángeles. Créeme, mi querido Cyril, la modernidad de la forma y la modernidad del tema están total y absolutamente equivocadas. Hemos confundido la librea común de la época con la vestimenta de las Musas, y pasamos nuestros días en las sórdidas calles y en los horribles suburbios de nuestras viles ciudades cuando deberíamos estar en la ladera con Apolo. Ciertamente somos una raza degradada, y hemos vendido nuestro derecho de nacimiento por un lío de hechos.

CYRIL. Hay algo de razón en lo que dices, y no cabe duda de que, por mucha diversión que podamos encontrar en la lectura de una novela puramente modélica, rara vez tenemos placer artístico en releerla. Y esta es quizá la mejor prueba aproximada de lo que es literatura y lo que no lo es. Si uno no puede disfrutar leyendo un libro una y otra vez, no tiene sentido leerlo en absoluto. Pero, ¿qué me dices de la vuelta a la Vida y a la Naturaleza? Esta es la panacea que siempre se nos recomienda.

VIVIAN. Te leeré lo que digo sobre ese tema. El pasaje viene más adelante en el artículo, pero bien puedo otorgártelo ahora:

«El grito popular de nuestro tiempo es "Volvamos a la Vida y a la Naturaleza; ellas recrearán el Arte para nosotros y harán correr la sangre roja por sus venas; calzarán sus pies con rapidez y harán fuerte su mano". Pero, ¡ay! nos equivocamos en nuestros amables y bienintencionados esfuerzos. La Naturaleza siempre va por detrás de la era. Y en cuanto a la Vida, ella es el disolvente que deshace el Arte, el enemigo que asola su casa».

CYRIL. ¿Qué quieres decir con que la Naturaleza siempre va por detrás de la edad?

VIVIAN. Bueno, quizás eso sea bastante críptico. Lo que quiero decir es lo siguiente. Si tomamos la Naturaleza como el simple instinto natural en oposición a la cultura autoconsciente, la obra producida bajo esta influencia es siempre anticuada, pasada de moda y desfasada. Un toque de Naturaleza puede hacer que todo el mundo sea amable, pero dos toques de Naturaleza destruirán cualquier obra de Arte. Si, por el contrario, consideramos la Naturaleza como el conjunto de fenómenos externos al hombre, la gente sólo descubre en ella lo que le aporta. Ella no tiene sugerencias propias. Wordsworth fue a los lagos, pero nunca fue un poeta lacustre. Encontró en las piedras los sermones que ya había escondido allí. Fue a moralizar por la comarca, pero su buena obra se produjo cuando regresó, no a la Naturaleza, sino a la poesía. La poesía le dio Laodamia, y los finos sonetos, y la gran Oda, tal como es. La Naturaleza le dio a Martha Ray y a Peter Bell, y la dirección de la pala de Mr. Wilkinson.

CYRIL. Creo que ese punto de vista podría cuestionarse. Me inclino más bien a creer en «el impulso de un bosque vernal», aunque, por supuesto, el valor artístico de tal impulso depende por completo del tipo de temperamento que lo recibe, de modo que el regreso a la Naturaleza vendría a significar simplemente el avance hacia una gran personalidad. Tú estarías de acuerdo con eso, me imagino. Sin embargo, prosigue con tu artículo.

VIVIAN (leyendo). «El arte comienza con la decoración abstracta, con un trabajo puramente imaginativo y placentero que trata de lo que es irreal e inexistente. Esta es la primera etapa. Entonces la vida se fascina con esta nueva maravilla y pide ser admitida en el círculo encantado. El arte toma la vida como parte de su material en bruto, la recrea y la refunde en formas frescas, es absolutamente indiferente a los hechos, inventa, imagina, sueña, y mantiene entre ella y la realidad la barrera impenetrable del estilo bello, del tratamiento decorativo o ideal. La tercera etapa es cuando la Vida se impone y expulsa al Arte al desierto. Ésa es la verdadera decadencia, y es la que ahora estamos sufriendo.

«Tomemos el caso del drama inglés. Al principio, en manos de los monjes, el arte dramático era abstracto, decorativo y mitológico. Luego alistó a la Vida a su servicio, y utilizando algunas de las formas externas de la vida, creó una raza de seres completamente nueva, cuyas penas eran más terribles que cualquier pena que el hombre haya sentido jamás, cuyas alegrías eran más agudas que las alegrías de los amantes, que tenían la furia de los Titanes y la calma de los dioses, que tenían pecados monstruosos y maravillosos, virtudes monstruosas y maravillosas. A ellos les dio un lenguaje diferente del de uso real, un lenguaje lleno de música resonante y ritmo dulce, hecho majestuoso por la cadencia solemne, o hecho delicado por la rima fantasiosa, enjoyado con palabras maravillosas y enriquecido con dicción elevada. Vistió a sus hijos con extraños ropajes y les dio máscaras, y a su mandato el mundo antiguo se levantó de su tumba de mármol. Un nuevo César se paseó por las calles de la Roma resurgida, y con velas púrpuras y remos dirigidos por flautas otra Cleopatra remontó el río hasta Antioquía. El viejo mito, la leyenda y el sueño cobraron forma y sustancia. La Historia se reescribió por completo, y apenas hubo uno de los dramaturgos que no reconociera que el objeto del Arte no es la simple verdad, sino la belleza compleja. En esto tenían toda la razón. El arte en sí es realmente una forma de exageración; y la selección, que es el espíritu mismo del arte, no es más que un modo intensificado de exageración.

«Pero la vida pronto hizo añicos la perfección de la forma. Incluso en Shakespeare podemos ver el principio del fin. Se manifiesta por la ruptura gradual del verso en blanco en las últimas obras, por el predominio dado a la prosa y por la excesiva importancia asignada a la caracterización. Los pasajes de Shakespeare —y son muchos— en los que el lenguaje es tosco, vulgar, exagerado, fantástico, incluso obsceno, se deben enteramente a que la vida pide el eco de su propia voz y rechaza la intervención de un estilo bello, a través del cual sólo debería permitirse que la vida encontrara su expresión. Shakespeare no es en absoluto un artista impecable. Le gusta demasiado ir directamente a la vida y tomar prestada su expresión natural. Olvida que cuando el Arte renuncia a su medio imaginativo lo renuncia todo. Goethe dice, en alguna parte

«In der Beschrankung zeigt Sich erst der Meister,

«"Es trabajando dentro de los límites que el maestro se revela", y la limitación, la condición misma de cualquier arte es el estilo. Sin embargo, no necesitamos detenernos más en el realismo de Shakespeare. *La tempestad* es la más perfecta de las palinodias. Todo lo que deseábamos señalar era que la magnífica obra de los artistas isabelinos y jacobinos contenía en sí misma las semillas de su propia disolución y que, si extraía parte de su fuerza de utilizar la vida como material en bruto, extraía toda su debilidad de utilizar la vida como método artístico. Como resultado inevitable de esta sustitución de un medio imitativo por uno creativo, de esta renuncia a una forma imaginativa, tenemos el moderno melodrama inglés. Los personajes de estas obras hablan en el escenario exactamente como hablarían fuera de él; no tienen aspiraciones ni aspiradores; están tomados directamente de la vida y reproducen su vulgaridad hasta el más mínimo detalle; presentan los andares, las maneras, el vestuario y el acento de la gente real; pasarían desapercibidos en un vagón de tren de tercera clase. Y sin embargo, ¡qué cansinas son las obras! No consiguen producir ni siquiera esa impresión de realidad a la que aspiran y que es su única razón de existir. Como método, el realismo es un completo fracaso.

«Lo que es cierto sobre el drama y la novela no lo es menos sobre esas artes que llamamos artes decorativas. Toda la historia de estas artes en Europa es el registro de la lucha entre el orientalismo, con su franco rechazo a la imitación, su amor a las convenciones artísticas, su aversión a la representación real de cualquier objeto de la Naturaleza, y nuestro propio espíritu imitativo. Allí donde ha primado el primero, como en Bizancio, Sicilia y España, por el contacto real, o en el resto de Europa por la influencia de las Cruzadas, hemos tenido obras bellas e imaginativas en las que las cosas visibles de la vida se transmutan en convenciones artísticas, y las cosas que la Vida no tiene se inventan y modelan para su deleite. Pero allí donde hemos vuelto a la Vida y a la Naturaleza, nuestro trabajo siempre se ha vuelto vulgar, común y carente de interés. El tapiz moderno, con sus efectos aéreos, su perspectiva elaborada, sus amplias extensiones de cielo baldío, su realismo fiel y laborioso, no tiene belleza alguna. El cristal pictórico de Alemania es absolutamente detestable. En Inglaterra estamos empezando a tejer alfombras que tienen posibilidades, pero sólo porque hemos vuelto al método y al espíritu de Oriente. Nuestras alfombras y tapices de hace veinte años, con sus solemnes verdades deprimentes, su inane culto a la Naturaleza, sus sórdidas reproducciones de objetos visibles, se han convertido, incluso para el filisteo, en motivo de risa. Un mahometano culto nos comentó una vez: "Ustedes, los cristianos, están tan ocupados en malinterpretar el cuarto mandamiento que nunca se les ha ocurrido hacer una aplicación artística del segundo". Tenía toda la razón, y la verdad del asunto es esta: La escuela adecuada para aprender arte no es la Vida, sino el Arte».

Y ahora permítame leerle un pasaje que me parece que zanja la cuestión por completo.

«No siempre fue así. No necesitamos decir nada sobre los poetas, ya que ellos, con la desafortunada excepción de Mr. Wordsworth, han sido realmente fieles a su elevada misión, y son universalmente reconocidos como absolutamente poco fiables. Pero en las obras de Heródoto, quien, a pesar de los superficiales y poco generosos intentos de los científicos modernos por verificar su historia, puede ser llamado con justicia el "Padre de la Mentira"; en los discursos publicados de Cicerón y las biografías de Suetonio; en Tácito en su mejor momento; en la *Historia natural* de Plinio; en el *Periplus* de Hanno; en todas las crónicas antiguas; en las vidas de los santos; en Froissart y Sir Thomas Malory; en los viajes de Marco Polo; en Olaus Magnus, y Aldrovandus, y Conrad Lycosthenes, con su magnífico *Prodigiorum et Ostentorum Chronicon;* en la autobiografía de Benvenuto Cellini; en las memorias de Casanova; en la *Historia de la peste* de Defoe; en la *Vida de Johnson* de Boswell; en los despachos de Napoleón, y en las obras de nuestro propio Carlyle, cuya *Revolución francesa* es una de las novelas históricas más fascinantes jamás escritas, los hechos se mantienen en su debida posición subordinada, o bien se excluyen por completo por el motivo general de su torpeza. Ahora, todo ha cambiado. Los hechos no sólo están encontrando un lugar en la historia, sino que están usurpando el dominio de la Fantasía, y han invadido el reino del Romanticismo. Su toque escalofriante lo invade todo. Están vulgarizando a la humanidad. El crudo comercialismo de América, su espíritu materialista, su indiferencia hacia el lado poético de las cosas, y su falta de imaginación y de altos ideales inalcanzables, se deben enteramente a que ese país adoptó como héroe nacional a un hombre que, según su propia confesión, era incapaz de decir una mentira, y no es demasiado decir que la historia de George Washington y el cerezo ha hecho más daño, y en un espacio de tiempo más corto, que cualquier otro cuento moral de toda la literatura».

CYRIL. ¡Mi querido muchacho!

VIVIAN. Te aseguro que es así, y lo más divertido de todo es que la historia del cerezo es un mito absoluto. Sin embargo, no debes pensar que estoy demasiado descorazonado sobre el futuro artístico ni de América ni de nuestro propio país. Escucha esto:

«No nos cabe la menor duda de que se producirá algún cambio antes de que este siglo haya llegado a su fin. Aburrida por la tediosa y mejorable conversación de quienes no tienen ni el ingenio para exagerar ni el genio para el romanticismo, cansada de la persona inteligente cuyas reminiscencias se basan siempre en la memoria, cuyas afirmaciones están invariablemente limitadas por la probabilidad, y que en cualquier momento está expuesta a ser corroborada por el mero filisteo que pase por allí, la sociedad tarde o temprano debe volver a su líder perdido, el mentiroso culto y fascinante. Quién fue el primero que, sin haber salido nunca a la ruda caza, contó a los cavernícolas errantes al atardecer cómo había sacado al Megaterio de la oscuridad púrpura de su cueva de jaspe, o matado al Mamut en combate singular y traído de vuelta sus colmillos dorados, no podemos decirlo, y ni uno solo de nuestros antropólogos modernos, a pesar de toda su tan cacareada ciencia, ha tenido el valor ordinario de decírnoslo. Sea cual fuere su nombre o su raza, sin duda fue el verdadero fundador de las relaciones sociales. Porque el objetivo del mentiroso es simplemente encantar, deleitar, dar placer. Es la base misma de la sociedad civilizada, y sin él una cena, incluso en las mansiones de los grandes, es tan aburrida como una conferencia en la Royal Society, o un debate en la Incorporated Authors, o una de las comedias farsescas de Mr. Burnand.

«Tampoco será bienvenido sólo por la sociedad. El Arte, escapando de la prisión del realismo, correrá a saludarle y besará sus labios falsos y hermosos, sabiendo que sólo él está en posesión del gran secreto de todas sus manifestaciones, el secreto de que la Verdad es total y absolutamente una cuestión de estilo; mientras que la Vida —la pobre, probable y poco interesante vida humana—, cansada de repetirse en beneficio de Mr. Herbert Spencer, los historiadores científicos y los compiladores de estadísticas en general, le seguirá mansamente y tratará de reproducir, a su manera sencilla e inculta, algunas de las maravillas de las que él habla.

«Sin duda, siempre habrá críticos que, como cierto escritor del *Saturday Review,* censurarán gravemente al narrador de cuentos de hadas por su defectuoso conocimiento de la historia natural, que medirán el trabajo imaginativo por su propia falta de toda facultad imaginativa, y levantarán sus manos manchadas de tinta con horror si algún caballero honesto, que nunca ha ido más lejos que los tejos de su propio jardín, escribe un fascinante libro de viajes como Sir John Mandeville, o, como el gran Raleigh, escribe toda una historia del mundo, sin saber absolutamente nada del pasado. Para excusarse, intentarán cobijarse bajo el escudo de aquel que hizo a Próspero el mago, y le dio a Calibán y Ariel como sus sirvientes, que oyó a los Tritones soplar sus cuernos alrededor de los arrecifes de coral de la Isla Encantada, y a las hadas cantarse entre sí en un bosque cercano a Atenas, que condujo a los reyes fantasmas en tenue procesión por los brumosos brezales escoceses, y escondió a Hécate en una cueva con las extrañas hermanas. Invocarán a Shakespeare —siempre lo hacen— y citarán ese trillado pasaje olvidando que ese desafortunado aforismo sobre el Arte que sostiene el espejo frente a la Naturaleza, es dicho deliberadamente por Hamlet para convencer a los espectadores de su absoluta locura en todos los asuntos de arte».

CYRIL. ¡Ejem! Otro cigarrillo, por favor.

VIVIAN. Mi querido amigo, digas lo que digas, no es más que una expresión dramática, y no representa más las verdaderas opiniones de Shakespeare sobre el arte que los discursos de Yago sus verdaderas opiniones sobre la moral. Pero permítame llegar al final del pasaje:

«El arte encuentra su propia perfección dentro, y no fuera de sí mismo. No debe ser juzgado por ninguna norma externa de semejanza. Es un velo, más que un espejo. Tiene flores que ningún bosque conoce, pájaros que ningún bosque posee. Hace y deshace muchos mundos, y puede atraer la luna del cielo con un hilo escarlata. Suyas son las "formas más reales que el hombre vivo", y suyos los grandes arquetipos de los que las cosas que tienen existencia no son sino copias inacabadas. La naturaleza no tiene, a sus ojos, ninguna ley, ninguna uniformidad. El Arte puede obrar milagros a su antojo, y cuando llama a los monstruos de las profundidades, éstos acuden. Puede ordenar al almendro que florezca en invierno, y enviar la nieve sobre el maizal maduro. A su palabra, la escarcha pone su dedo de plata en la ardiente boca de junio, y los leones alados se arrastran desde las hondonadas de las colinas lidias. Las dríades se asoman desde la espesura cuando pasa, y los faunos pardos le sonríen extrañamente cuando se acerca a ellos. Tiene dioses con cara de halcón que le adoran, y los centauros galopan a su lado».

CYRIL. Eso me gusta. Puedo verlo. ¿Es el final?

VIVIAN. No. Hay un pasaje más, pero es puramente práctico. Simplemente sugiere algunos métodos por los que podríamos revivir este arte perdido de la Mentira.

CYRIL. Bueno, antes de que me lo leas, me gustaría hacerte una pregunta. ¿Qué quieres decir con que la vida, «la pobre, probable y poco interesante vida humana», intentará reproducir las maravillas del arte? Puedo entender perfectamente tu objeción a que el arte sea tratado como un espejo. Tú crees que reduciría al genio a la posición de un espejo agrietado. Pero, ¿no querrás decir que crees seriamente que la Vida imita al Arte, que la Vida es de hecho el espejo, y el Arte la realidad?

VIVIAN. Desde luego que sí. Por paradójico que parezca —y las paradojas son siempre cosas peligrosas— no es menos cierto que la Vida imita al arte mucho más que el Arte a la vida. Todos hemos visto en nuestros días en Inglaterra cómo cierto curioso y fascinante tipo de belleza, inventado y enfatizado por dos pintores imaginativos, ha influido tanto en la Vida que siempre que uno va a una visita privada o a un salón artístico ve, aquí los ojos místicos del sueño de Rossetti, la larga garganta de marfil, la extraña mandíbula de corte cuadrado, el cabello suelto y sombrío que tan ardientemente amaba, allí la dulce doncellez de «La escalera de oro», la boca en flor y la cansada hermosura del Laus Amoris, el rostro pálido como la pasión de Andrómeda, las manos delgadas y la belleza ágil de la Vivian del Sueño de Merlín. Y siempre ha sido así. Un gran artista inventa un tipo, y la vida intenta copiarlo, reproducirlo de forma popular, como un editor emprendedor. Ni Holbein ni van Dyck encontraron en Inglaterra lo que nos han dado. Trajeron consigo sus tipos, y la Vida, con su aguda facultad imitativa, se puso a suministrar modelos al maestro. Los griegos, con su rápido instinto artístico, comprendieron esto, y colocaron en la cámara de la novia la estatua de Hermes o de Apolo, para que diera a luz hijos tan encantadores como las obras de arte que contemplaba en su arrobamiento o en su dolor. Sabían que la vida obtiene del arte no sólo espiritualidad, profundidad de pensamiento y sentimiento, turbación del alma o paz del alma, sino que puede formarse a sí misma sobre las mismas líneas y colores del arte, y puede reproducir la dignidad de Fidias así como la gracia de Praxíteles. De ahí su objeción al realismo. Les disgustaba por motivos puramente sociales. Consideraban que inevitablemente afea a la gente, y tenían toda la razón. Intentamos mejorar las condiciones de la raza mediante el buen aire, la luz solar, el agua saludable y los horribles edificios desnudos para el mejor alojamiento de los estratos inferiores. Pero estas cosas sólo producen salud, no belleza. Para ello, se necesita el Arte, y los verdaderos discípulos del gran artista no son sus imitadores de estudio, sino aquellos que llegan a ser como sus obras de arte, ya sean plásticas como en la época griega, o pictóricas como en los tiempos modernos; en una palabra, la Vida es la mejor alumna del Arte, la única alumna del Arte.

Al igual que ocurre con las artes visibles, también ocurre con la literatura. La forma más obvia y vulgar en que esto se demuestra es en el caso de los niños tontos que, después de leer las aventuras de Jack Sheppard o Dick Turpin, saquean los puestos de las desafortunadas vendedoras de manzanas, irrumpen en las dulcerías por la noche y alarman a los ancianos caballeros que regresan a casa desde la ciudad saltando sobre ellos en las callejuelas suburbanas, con máscaras negras y revólveres descargados. Este interesante fenómeno, que siempre se produce tras la aparición de una nueva edición de cualquiera de los libros a los que he aludido, suele atribuirse a la influencia de la literatura sobre la imaginación. Pero esto es un error. La imaginación es esencialmente creativa, y siempre busca una nueva forma. El niño-ladrón es simplemente el resultado inevitable del instinto imitativo de la vida. Él es el Hecho, ocupado como suele estarlo el Hecho, en intentar reproducir la Ficción, y lo que vemos en él se repite a gran escala a lo largo de toda la vida. Schopenhauer ha analizado el pesimismo que caracteriza el pensamiento moderno, pero Hamlet lo inventó. El mundo se ha vuelto triste porque una marioneta fue una vez melancólica. El nihilista, ese extraño mártir que no tiene fe, que va a la hoguera sin entusiasmo y muere por lo que no cree, es un producto puramente literario. Fue inventado por Turguénev y completado por Dostoyevski. Robespierre salió de las páginas de Rousseau con la misma seguridad que el Palacio del Pueblo surgió de los *débris* de una novela. La literatura siempre se anticipa a la vida. No la copia, sino que la amolda a su propósito. El siglo XIX, tal y como lo conocemos, es en gran medida una invención de Balzac. Nuestros Luciens de Rubempre, nuestros Rastignacs y De Marsays hicieron su primera aparición en el escenario de la *Comédie humaine.* Nos limitamos a llevar a cabo, con notas a pie de página y añadidos innecesarios, el capricho o la fantasía o la visión creativa de un gran novelista. Una vez pregunté a una dama, que conocía íntimamente a Thackeray, si él había tenido algún modelo para Becky Sharp. Me dijo que Becky era una invención, pero que la idea del personaje se la había sugerido en parte una institutriz que vivía en los alrededores de Kensington Square, y que era la compañera de una anciana muy egoísta y rica. Pregunté qué había sido de la institutriz y me contestó que, curiosamente, algunos años después de la aparición de *La feria de las vanidades,* se escapó con el sobrino de la señora con la que vivía y durante un breve tiempo causó un gran revuelo en la sociedad, muy al estilo de Mrs. Rawdon Crawley y siguiendo enteramente sus métodos. Al final cayó en desgracia, desapareció en el Continente y se la solía ver de vez en cuando en Montecarlo y otros lugares de juego. El noble caballero del que el mismo gran sentimental sacó el Coronel Newcome murió, pocos meses después de que *El recién llegado* hubiera alcanzado una cuarta edición, con la palabra «Adsum» en los labios. Poco después de que Mr. Stevenson publicara su curiosa historia psicológica de transformación, un amigo mío, llamado Mr.

Hyde, se encontraba en el norte de Londres y, ansioso por llegar a una estación de ferrocarril, tomó lo que pensó que sería un atajo, se perdió y se encontró en un entramado de calles peligrosas y de mal aspecto. Sintiéndose bastante nervioso empezó a caminar muy deprisa, cuando de repente de un arco salió corriendo un niño justo entre sus piernas. Cayó al pavimento, tropezó con él y lo pisoteó. Como era natural, muy asustado y un poco herido, empezó a gritar, y en pocos segundos toda la calle estaba llena de gente tosca que salía de las casas como hormigas. Le rodearon y le preguntaron su nombre. Estaba a punto de darlo cuando de repente recordó el incidente inicial de la historia de Mr. Stevenson. Se sintió tan lleno de horror por haber realizado en su propia persona aquella terrible y bien escrita escena, y por haber hecho accidentalmente, aunque de hecho, lo que el Mr. Hyde de la ficción había hecho con deliberada intención, que huyó lo más rápido que pudo. Sin embargo, le siguieron muy de cerca, y finalmente se refugió en un consultorio, cuya puerta casualmente estaba abierta, donde explicó a un joven ayudante, que casualmente se encontraba allí, exactamente lo que había ocurrido. Se indujo a la multitud humanitaria a marcharse cuando les dio una pequeña suma de dinero, y en cuanto todo se serenó se marchó. Al salir, le llamó la atención el nombre que había en la placa de latón de la puerta del consultorio. Era «Jekyll». Al menos debería haberlo sido.

Aquí la imitación, en la medida en que se produjo, fue por supuesto accidental. En el caso siguiente la imitación fue autoconsciente. En el año 1879, justo después de haber dejado Oxford, conocí en una recepción en casa de uno de los Ministros de Asuntos Exteriores a una mujer de una belleza exótica muy curiosa. Nos hicimos grandes amigos y estábamos constantemente juntos. Sin embargo, lo que más me interesaba de ella no era su belleza, sino su carácter, toda su vaguedad de carácter. Parecía no tener personalidad en absoluto, sino simplemente la posibilidad de muchos tipos. A veces se entregaba por completo al arte, convertía su salón en un estudio y pasaba dos o tres días a la semana en galerías de cuadros o museos. Luego se aficionaba a asistir a reuniones de carreras, vestía la ropa más hípica y no hablaba de otra cosa que de apuestas. Abandonó la religión por el mesmerismo, el mesmerismo por la política, y la política por las excitaciones melodramáticas de la filantropía. De hecho, era una especie de Proteo, y tan fracasada en todas sus transformaciones como lo fue aquel maravilloso dios del mar cuando Odiseo se apoderó de él. Un día comenzó un serial en una de las revistas francesas. En aquella época yo solía leer historias por entregas, y recuerdo bien el sobresalto de sorpresa que sentí cuando llegué a la descripción de la heroína. Era tan parecida a mi amiga que le llevé la revista, y ella se reconoció en ella inmediatamente, y parecía fascinada por el parecido. Debo decirte, por cierto, que la historia estaba traducida de algún escritor ruso ya fallecido, por lo que el autor no había tomado su tipo de mi amiga. Bien, para resumir el asunto, unos meses después me encontraba en Venecia, y al encontrar la revista en la sala de lectura del hotel, la cogí casualmente para ver qué había sido de la heroína. Era una historia de lo más triste, ya que la chica había acabado huyendo con un hombre absolutamente inferior a ella, no sólo en posición social, sino también en carácter e intelecto. Aquella noche escribí a mi amiga acerca de mis opiniones sobre John Bellini, y los admirables helados de Florian's, y el valor artístico de las góndolas, pero añadí una posdata en el sentido de que su doble en el cuento se había comportado de una manera muy tonta. No sé por qué añadí eso, pero recuerdo que tenía una especie de temor en mí de que ella pudiera hacer lo mismo. Antes de que mi carta llegara a sus manos, se había fugado con un hombre que la abandonó a los seis meses. La vi en 1884 en París, donde vivía con su madre, y le pregunté si la historia había tenido algo que ver con su acción. Me dijo que había sentido un impulso absolutamente irresistible de seguir a la heroína paso a paso en su extraño y fatal progreso, y que había esperado con un sentimiento de verdadero terror los últimos capítulos de la historia. Cuando aparecieron, le pareció que estaba obligada a reproducirlos en vida, y así lo hizo. Era un ejemplo clarísimo de ese instinto imitativo del que hablaba, y extremadamente trágico.

Sin embargo, no deseo detenerme más en casos individuales. La experiencia personal es un círculo de lo más vicioso y limitado. Todo lo que deseo señalar es el principio general de que la Vida imita al Arte mucho más de lo que el Arte imita a la Vida, y estoy seguro de que si piensas seriamente en ello descubrirás que es cierto. La vida sostiene el espejo frente al Arte, y o bien reproduce algún tipo extraño imaginado por el pintor o el escultor, o bien realiza de hecho lo que se ha soñado en la ficción. Científicamente hablando, la base de la vida —la energía de la vida, como la llamaría Aristóteles— es simplemente el deseo de expresión, y el Arte siempre está presentando diversas formas a través de las cuales se puede alcanzar esta expresión. La vida se apodera de ellas y las utiliza, aunque sea para su propio perjuicio. Jóvenes se han suicidado porque Rolla lo hizo, han muerto por su propia mano porque por su propia mano murió Werther. Piensa en lo que debemos a la imitación de Cristo, en lo que debemos a la imitación del César.

CYRIL. La teoría es ciertamente muy curiosa, pero para completarla debes demostrar que la Naturaleza, no menos que la Vida, es una imitación del Arte. ¿Estás preparado a probarlo?

VIVIAN. Mi querido amigo, estoy dispuesto a probar cualquier cosa.

CYRIL. ¿La naturaleza sigue al paisajista, entonces, y toma de él sus efectos?

VIVIAN. Ciertamente. ¿De dónde, si no de los impresionistas, sacamos esas maravillosas nieblas pardas que se deslizan por nuestras calles, desdibujando las lámparas de gas y convirtiendo las casas en sombras monstruosas? ¿A quién, si no a ellos y a su maestro, debemos las encantadoras nieblas plateadas que se ciernen sobre nuestro río y convierten en tenues formas de gracia desvanecida el puente curvo y la barcaza oscilante? El extraordinario cambio que se ha producido en el clima de Londres durante los últimos diez años se debe enteramente a una escuela de Arte en particular. Sonríes. Considera el asunto desde un punto de vista científico o metafísico, y comprobarás que tengo razón. Porque, ¿qué es la Naturaleza? La Naturaleza no es una gran madre que nos ha parido. Ella es nuestra creación. Es en nuestro cerebro donde ella cobra vida. Las cosas son porque las vemos, y lo que vemos, y cómo lo vemos, depende de las Artes que han influido en nosotros. Mirar una cosa es muy diferente de ver una cosa. Uno no ve nada hasta que ve su belleza. Entonces, y sólo entonces, cobra existencia. En la actualidad, la gente ve niebla, no porque haya niebla, sino porque poetas y pintores les han enseñado la misteriosa belleza de tales efectos. Puede que haya habido niebla durante siglos en Londres. Me atrevo a decir que la hubo. Pero nadie la vio, y por eso no sabemos nada de ella. No existió hasta que el Arte la inventó. Ahora, hay que admitirlo, la niebla se ha llevado al exceso. Se ha convertido en el mero manierismo de una camarilla, y el realismo exagerado de su método provoca bronquitis a la gente aburrida. Donde los cultos cogen efecto, los incultos cogen frío. Así pues, seamos humanos e invitemos al Arte a que vuelva sus maravillosos ojos a otra parte. De hecho, ya lo ha hecho. Esa luz solar blanca y temblorosa que se ve ahora en Francia, con sus extrañas manchas de malva y sus inquietas sombras violetas, es su última fantasía y, en general, la Naturaleza la reproduce de forma admirable. Donde antes nos daba Corots y Daubignys, ahora nos da exquisitos Monets y fascinantes Pissaros. De hecho, hay momentos, raros, es cierto, pero aún así observables de vez en cuando, en los que la Naturaleza se vuelve absolutamente moderna. Por supuesto, no siempre se puede confiar en ella. El hecho es que se encuentra en esta desafortunada posición. El arte crea un efecto incomparable y único y, una vez hecho esto, pasa a otras cosas. La naturaleza, en cambio, olvidando que la imitación puede convertirse en la forma más sincera de insulto, sigue repitiendo este efecto hasta que todos nos cansamos absolutamente de él. Nadie con verdadera cultura, por ejemplo, habla hoy en día de la belleza de una puesta de sol. Las puestas de sol están bastante pasadas de moda. Pertenecen a la época en la que Turner era el último grito en arte. Admirarlas es un signo inequívoco de provincialismo de temperamento. Y sin embargo, continúan. Ayer por la tarde Mrs. Arundel insistió en que me acercara a la ventana y mirara el glorioso cielo, como ella lo llamaba. Por supuesto, tuve que mirarlo. Ella es una de esas filisteas absurdamente bonitas a las que no se puede negar nada. ¿Y qué era? Era simplemente un Turner de segunda categoría, un Turner de una mala época, con todos los peores defectos del pintor exagerados y sobreacentuados. Por supuesto, estoy bastante dispuesto a admitir que la Vida comete muy a menudo el mismo error. Ella produce sus falsos Renes y sus falsos Vautrins, al igual que la Naturaleza nos da, un día un dudoso Cuyp, y otro un más que cuestionable Rousseau. Aún así, la Naturaleza le irrita a uno más cuando hace cosas de ese tipo. Parece tan estúpido, tan obvio, tan innecesario. Un falso Vautrin puede ser encantador. Un Cuyp dudoso es insoportable. Sin embargo, no quiero ser demasiado duro con la Naturaleza. Desearía que el Canal, especialmente en Hastings, no pareciera tan a menudo un Henry Moore, gris perla con luces amarillas, pero entonces, cuando el Arte sea más variado, la Naturaleza será, sin duda, más variada también. Que imita al Arte, no creo que ni su peor enemigo lo niegue ahora. Es lo único que la mantiene en contacto con el hombre civilizado. Pero, ¿he probado mi teoría para tu satisfacción?

CYRIL. La has probado para mi insatisfacción, lo cual es mejor. Pero incluso admitiendo este extraño instinto imitativo en la Vida y la Naturaleza, seguramente tú reconocerás que el Arte expresa el temperamento de su época, el espíritu de su tiempo, las condiciones morales y sociales que lo rodean y bajo cuya influencia se produce.

VIVIAN. ¡Claro que no! El arte nunca expresa nada más que sí mismo. Este es el principio de mi nueva estética; y es esto, más que esa conexión vital entre forma y sustancia, en la que se detiene Mr. Pater, lo que hace de la música el tipo de todas las artes. Por supuesto, las naciones y los individuos, con esa sana vanidad natural que es el secreto de la existencia, tienen siempre la impresión de que es de ellos de quienes hablan las Musas, tratando siempre de encontrar en la serena dignidad del arte imaginativo algún espejo de sus propias pasiones turbias, olvidando siempre que el cantor de la vida no es Apolo sino Marsyas. Alejado de la realidad, y con la mirada apartada de las sombras de la caverna, el Arte revela su propia perfección, y la multitud maravillada que observa la apertura de la maravillosa rosa de muchos pétalos imagina que es su propia historia la que se le está contando, su propio espíritu el que está encontrando expresión en una nueva forma. Pero no es así. El arte más elevado rechaza la carga del espíritu humano, y gana más de un nuevo medio o de un material fresco que de cualquier entusiasmo por el arte, o de cualquier pasión elevada, o de cualquier gran despertar de la conciencia humana. Se desarrolla puramente en sus propias líneas. No es símbolo de ninguna época. Son las épocas las que son sus símbolos.

Incluso quienes sostienen que el arte es representativo de la época, el lugar y la gente no pueden evitar admitir que cuanto más imitativo es un arte, menos representa para nosotros el espíritu de su época. Los rostros malvados de los emperadores romanos nos miran desde el grosero pórfido y el jaspe manchado en los que los artistas realistas de la época se deleitaban trabajando, y nos imaginamos que en esos labios crueles y esas pesadas mandíbulas sensuales podemos encontrar el secreto de la ruina del Imperio. Pero no es así. Los vicios de Tiberio no pudieron destruir aquella civilización suprema, como tampoco pudieron salvarla las virtudes de los Antoninos. Cayó por otras razones menos interesantes. Las sibilas y los profetas de la Sixtina pueden servir, en efecto, para interpretar para algunos ese nuevo nacimiento del espíritu emancipado que llamamos Renacimiento; pero ¿qué nos dicen los patanes borrachos y los campesinos berreantes del arte holandés sobre la gran alma de Holanda? Cuanto más abstracto, cuanto más ideal es un arte, más nos revela el temperamento de su época. Si queremos comprender a una nación por medio de su arte, fijémonos en su arquitectura o en su música.

CYRIL. En eso estoy bastante de acuerdo contigo. El espíritu de una época puede expresarse mejor en las artes ideales abstractas, porque el espíritu mismo es abstracto e ideal. En cambio, para el aspecto visible de una época, para su aspecto, como dice la frase, debemos acudir por supuesto a las artes de la imitación.

VIVIAN. No lo creo. Al fin y al cabo, lo que las artes imitativas nos ofrecen en realidad no son más que los diversos estilos de determinados artistas, o de determinadas escuelas de artistas. Seguro que no te imaginas que la gente de la Edad Media se pareciera en nada a las figuras de los vitrales medievales, o de las tallas medievales en piedra y madera, o de la metalistería medieval, o de los tapices, o de los manuscritos iluminados. Probablemente eran personas de aspecto muy corriente, sin nada grotesco, ni notable, ni fantástico en su apariencia. La Edad Media, tal y como la conocemos en el arte, es simplemente una forma definida de estilo, y no hay ninguna razón en absoluto por la que un artista con este estilo no pueda producirse en el siglo XIX. Ningún gran artista ve las cosas como realmente son. Si lo hiciera, dejaría de ser un artista. Tomemos un ejemplo de nuestros días. Sé que te gustan las cosas japonesas. Ahora bien, ¿imaginas realmente que el pueblo japonés, tal como se nos presenta en el arte, tiene alguna existencia? Si es así, nunca has entendido en absoluto el arte japonés. El pueblo japonés es la creación deliberada y autoconsciente de ciertos artistas individuales. Si colocas un cuadro de Hokusai, o de Hokkei, o de cualquiera de los grandes pintores nativos, junto a un caballero o una dama japoneses reales, verás que no existe el más mínimo parecido entre ellos. La gente real que vive en Japón no es muy distinta de la generalidad de los ingleses; es decir, son extremadamente corrientes y no tienen nada de curioso o extraordinario. De hecho, todo Japón es una pura invención. No existe tal país, no existen tales gentes. Uno de nuestros pintores más encantadores fue hace poco a la Tierra del Crisantemo con la tonta esperanza de ver a los japoneses. Todo lo que vio, todo lo que tuvo ocasión de pintar, fueron unos farolillos y unos abanicos. Fue totalmente incapaz de descubrir a sus habitantes, como demostró demasiado bien su encantadora exposición en la Galería de Messrs. Dowdeswell. No sabía que los japoneses son, como he dicho, simplemente un modo de estilo, una exquisita fantasía del arte. Y así, si deseas ver un efecto japonés, no te comportarás como un turista e irás a Tokio. Al contrario, te quedarás en casa y te empaparás de la obra de ciertos artistas japoneses, y luego, cuando hayas absorbido el espíritu de su estilo y captado su imaginativa manera de ver, irás alguna tarde y te sentarás en el Parque o pasearás por Piccadilly, y si no puedes ver un efecto absolutamente japonés allí, no lo verás en ningún sitio. O, para volver de nuevo al pasado, tomemos como otro ejemplo a los antiguos griegos. ¿Crees que el arte griego nos dice alguna vez cómo era el pueblo griego? ¿Crees que las mujeres atenienses eran como las majestuosas y dignas figuras del friso del Partenón, o como esas maravillosas diosas que se sentaban en los frontones triangulares del mismo edificio? Si se juzga por el arte, ciertamente lo eran. Pero lee a una autoridad, como Aristófanes, por ejemplo. Descubrirás que las damas atenienses se fajaban firmemente, llevaban zapatos de tacón alto, se teñían el pelo de amarillo, se pintaban y acicalaban la cara, y eran exactamente como cualquier otra tonta criatura de moda o criatura caída de nuestros días. El hecho es que miramos hacia atrás en las épocas enteramente a través del medio del arte, y el arte, muy afortunadamente, no nos ha dicho ni una sola vez la verdad.

CYRIL. Pero los retratos modernos de pintores ingleses, ¿qué son? ¿Seguramente son como las personas que pretenden representar?

VIVIAN. Así es. Son tan parecidos que dentro de cien años nadie creerá en ellos. Los únicos retratos en los que se cree son aquellos en los que hay muy poco del modelo y mucho del artista. Los dibujos de Holbein de los hombres y mujeres de su época nos impresionan por su absoluta realidad. Pero esto se debe simplemente a que Holbein obligó a la vida a aceptar sus condiciones, a contenerse dentro de sus limitaciones, a reproducir su tipo y a aparecer como él deseaba que apareciera. Es el estilo lo que nos hace creer en una cosa, nada más que el estilo. La mayoría de nuestros retratistas modernos están condenados al olvido absoluto. Nunca pintan lo que ven. Pintan lo que el público ve, y el público nunca ve nada.

CYRIL. Bueno, después de esto creo que me gustaría escuchar el final de tu artículo.

VIVIAN. Con mucho gusto. Realmente no puedo decir si servirá de algo. El nuestro es ciertamente el siglo más aburrido y prosaico posible. Vaya, hasta el Sueño nos ha jugado una mala pasada y ha cerrado las puertas de marfil y abierto las de cuerno. Los sueños de la gran clase media de este país, tal como se registran en los dos voluminosos volúmenes de Mr. Myers sobre el tema, y en las Transacciones de la Sociedad Psíquica, son las cosas más deprimentes que he leído jamás. No hay ni siquiera una bella pesadilla entre ellas. Son lugares comunes, sórdidos y tediosos. En cuanto a la Iglesia, no puedo concebir nada mejor para la cultura de un país que la presencia en él de un cuerpo de hombres cuyo deber sea creer en lo sobrenatural, realizar milagros cotidianos y mantener viva esa facultad mitopoética tan esencial para la imaginación. Pero en la Iglesia inglesa un hombre triunfa, no por su capacidad de creencia, sino por su capacidad de incredulidad. La nuestra es la única Iglesia en la que el escéptico se sienta en el altar y en la que se considera a Santo Tomás como el apóstol ideal. Muchos clérigos dignos, que pasan su vida en admirables obras de caridad bondadosa, viven y mueren desapercibidos y desconocidos; pero basta con que algún pasota inculto y superficial de cualquiera de las universidades se suba a su púlpito y exprese sus dudas sobre el arca de Noé, o el asno de Balaam, o Jonás y la ballena, para que medio Londres acuda en masa a escucharle y se quede boquiabierto admirando su soberbio intelecto. El crecimiento del sentido común en la Iglesia inglesa es algo muy de lamentar. Es realmente una concesión degradante a una forma baja de realismo. También es una tontería. Surge de una total ignorancia de la psicología. El hombre puede creer lo imposible, pero nunca lo improbable. Sin embargo, debo leer el final de mi artículo:

«Lo que tenemos que hacer, lo que en todo caso es nuestro deber hacer, es revivir este viejo arte de la Mentira. Se puede hacer mucho, por supuesto, en la forma de educar al público, por aficionados en el círculo doméstico, en almuerzos literarios y en los tés de la tarde. Pero esto no es más que el lado ligero y gracioso de la mentira, tal como probablemente se oía en las cenas cretenses. Existen muchas otras formas. Mentir para obtener alguna ventaja personal inmediata, por ejemplo —mentir con un propósito moral, como suele llamarse—, aunque últimamente se ha despreciado bastante, era extremadamente popular en el mundo antiguo. Atenea se ríe cuando Odiseo le cuenta «sus palabras de astuto ingenio», como lo expresa Mr. William Morris, y la gloria de la mendacidad ilumina la pálida frente del inoxidable héroe de la tragedia euripídea, y coloca entre las nobles mujeres del pasado a la joven novia de una de las odas más exquisitas de Horacio. Más tarde, lo que al principio había sido un mero instinto natural se elevó a ciencia autoconsciente. Se establecieron reglas elaboradas para guiar a la humanidad, y una importante escuela de literatura creció en torno al tema. De hecho, cuando uno recuerda el excelente tratado filosófico de Sánchez sobre toda la cuestión, no puede evitar lamentar que a nadie se le haya ocurrido publicar una edición barata y condensada de las obras de ese gran casuista. Una breve cartilla, «Cuándo mentir y cómo hacerlo», si se editara de forma atractiva y no demasiado cara, conseguiría sin duda una gran venta y resultaría de verdadero servicio práctico para muchas personas serias y de pensamiento profundo. La mentira en aras de la mejora de los jóvenes, que es la base de la educación en el hogar, aún perdura entre nosotros, y sus ventajas están tan admirablemente expuestas en los primeros libros de la *República* de Platón que es innecesario detenerse en ellas aquí. Es un modo de mentir para el que todas las buenas madres tienen capacidades peculiares, pero es capaz de desarrollarse aún más, y ha sido tristemente pasado por alto por el Consejo Escolar. Mentir en aras de un salario mensual es, por supuesto, bien conocido en Fleet Street, y la profesión de líder político-escritor no carece de ventajas. Pero se dice que es una ocupación un tanto aburrida, y ciertamente no conduce a mucho más allá de una especie de ostentosa oscuridad. La única forma de mentir que es absolutamente irreprochable es la mentira por sí misma, y el desarrollo más elevado de esta es, como ya hemos señalado, la mentira en el arte. Del mismo modo que quienes no aman a Platón más que a la Verdad no pueden traspasar el umbral de la Academia, quienes no aman a la Belleza más que a la Verdad nunca conocerán el santuario más íntimo del Arte. El sólido y macizo intelecto británico yace en las arenas del desierto como la Esfinge del cuento maravilloso de Flaubert, y la fantasía, *La Chimère,* baila a su alrededor y le llama con su voz falsa y aflautada. Puede que ahora no la oigas, pero seguro que algún día, cuando todos estemos aburridos hasta la muerte del carácter banal de la ficción moderna, la escucharás e intentarás tomar prestadas sus alas.

«Y cuando ese día amanezca, o el ocaso se tiña de rojo, ¡qué alegres nos sentiremos todos! Los hechos se considerarán desacreditables, la Verdad se encontrará llorando sobre sus grilletes, y el Romanticismo, con su temperamento de asombro, volverá a la tierra. El aspecto mismo del mundo cambiará ante nuestros ojos sobresaltados. Del mar surgirán Behemoth y Leviatán, y navegarán alrededor de las galeras de alto bordo, como lo hacen en los deliciosos mapas de aquellas épocas en que los libros de geografía eran realmente legibles. Los dragones vagarán por los lugares baldíos, y el ave fénix se elevará por los aires desde su nido de fuego. Pondremos nuestras manos sobre el basilisco y veremos la joya en la cabeza del sapo. Mascando su dorada avena, el Hipogrifo se parará en nuestros establos, y sobre nuestras cabezas flotará el Pájaro Azul cantando sobre cosas bellas e imposibles, sobre cosas que son encantadoras y que nunca suceden, sobre cosas que no son y que deberían ser. Pero antes de que esto ocurra debemos cultivar el arte perdido de la Mentira».

CYRIL. Entonces debemos cultivarla por completo de una vez. Pero para no cometer ningún error quiero que me digas brevemente las doctrinas de la nueva estética.

VIVIAN. Brevemente, pues, son estas. El Arte nunca expresa nada más que a sí mismo. Tiene una vida independiente, al igual que el Pensamiento, y se desarrolla puramente en sus propias líneas. No es necesariamente realista en una época de realismo, ni espiritual en una época de fe. Lejos de ser la creación de su tiempo, suele oponerse directamente a él, y la única historia que nos conserva es la de su propio progreso. A veces vuelve sobre sus pasos y revive alguna forma antigua, como ocurrió en el movimiento arcaísta del arte griego tardío y en el movimiento prerrafaelista de nuestros días. Otras veces se anticipa por completo a su época, y produce en un siglo obras que se tarda otro siglo en comprender, apreciar y disfrutar. En ningún caso reproduce su época. Pasar del arte de una época a la época misma es el gran error que cometen todos los historiadores.

La segunda doctrina es esta. Todo mal arte proviene de volver a la Vida y a la Naturaleza y elevarlas a ideales. La Vida y la Naturaleza pueden utilizarse a veces como parte del material en bruto del Arte, pero antes de que sean de utilidad real para el arte deben traducirse en convenciones artísticas. En el momento en que el Arte renuncia a su medio imaginativo lo renuncia todo. Como método, el Realismo es un completo fracaso, y las dos cosas que todo artista debe evitar son la modernidad de la forma y la modernidad del tema. Para nosotros, que vivimos en el siglo XIX, cualquier siglo es un tema adecuado para el arte excepto el nuestro. Las únicas cosas bellas son las que no nos conciernen. Es, para tener el placer de citarme a mí mismo, precisamente porque Hécuba no es nada para nosotros por lo que sus penas son un motivo tan adecuado para una tragedia. Además, sólo lo moderno se convierte alguna vez en anticuado. M. Zola se sienta para darnos una imagen del Segundo Imperio. ¿A quién le importa ahora el Segundo Imperio? Está pasado de moda. La vida va más deprisa que el Realismo, pero el Romanticismo siempre va por delante de la vida.

La tercera doctrina es que la Vida imita al Arte mucho más de lo que el Arte imita a la Vida. Esto resulta no sólo del instinto imitativo de la Vida, sino del hecho de que el objetivo autoconsciente de la Vida es encontrar expresión, y que el Arte le ofrece ciertas formas bellas a través de las cuales puede realizar esa energía. Es una teoría que nunca antes se había planteado, pero es extremadamente fructífera, y arroja una luz totalmente nueva sobre la historia del Arte.

De ello se deduce, como corolario, que la Naturaleza exterior también imita al Arte. Los únicos efectos que ella puede mostrarnos son efectos que ya hemos visto a través de la poesía, o en la pintura. Este es el secreto del encanto de la Naturaleza, así como la explicación de su debilidad.

La revelación final es que la mentira, la narración de cosas bellas falsas, es el objetivo propio del Arte. Pero de esto creo que ya he hablado con suficiente extensión. Y ahora salgamos a la terraza, donde «cae el pavo real blanco como la leche como un fantasma», mientras la estrella vespertina «lava de plata el crepúsculo». En el crepúsculo la naturaleza se convierte en un efecto maravillosamente sugestivo, y no carece de belleza, aunque quizá su principal utilidad sea ilustrar citas de los poetas. ¡Ven! Ya hemos hablado bastante.

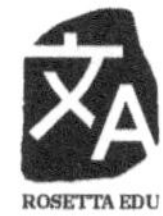

CLÁSICOS EN ESPAÑOL

Esperamos que haya disfrutado esta lectura. ¿Quiere leer otra obra de nuestra colección de *Clásicos en español*?

En nuestro Club del Libro encontrarás artículos relacionados con los libros que publicamos y la literatura en general. ¡Suscríbete en nuestra página web y te ofrecemos un ebook gratis por mes!

Recibe tu copia totalmente gratuita de nuestro *Club del libro* en rosettaedu.com/pages/club-del-libro

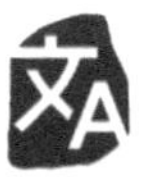

Rosetta Edu

CLÁSICOS EN ESPAÑOL

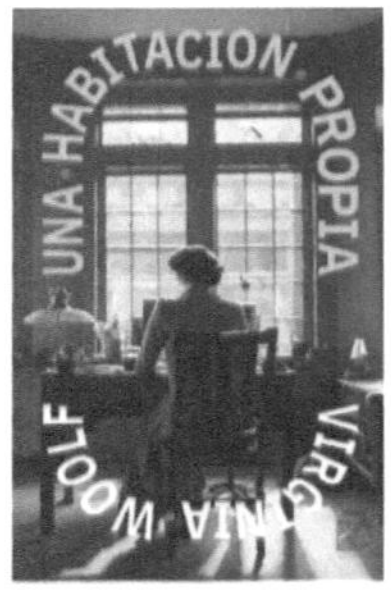

Una habitación propia se estableció desde su publicación como uno de los libros fundamentales del feminismo. Basado en dos conferencias pronunciadas por Virginia Woolf en colleges para mujeres y ampliado luego por la autora, el texto es un testamento visionario, donde tópicos característicos del feminismo por casi un siglo son expuestos con claridad tal vez por primera vez.

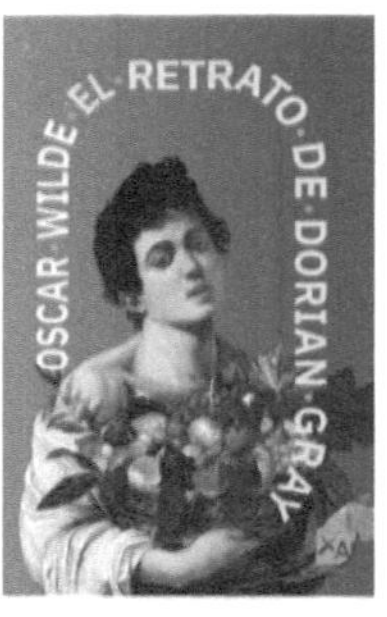

Oscar Wilde escribe una sola novela, *El retrato de Dorian Gray*, ésta fue el objeto de una crítica moralizante mordaz por parte de sus contemporáneos que no pudieron ver que dentro de una trama perfectamente compuesta se escondía toda la tragedia del romanticismo. Cien años después no ha perdido su impacto original y sigue siendo un texto fundamental para los debates sobre la estética y la moral.

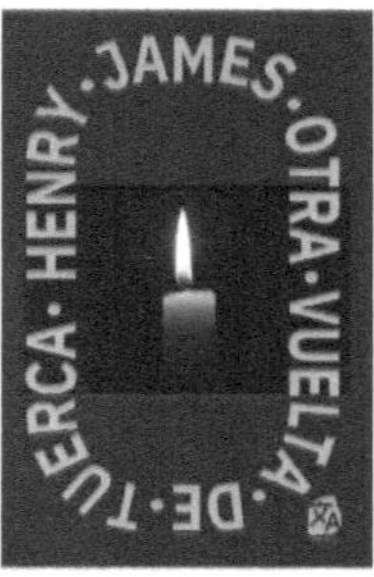

Otra vuelta de tuerca es una de las novelas de terror más difundidas en la literatura universal y cuenta una historia absorbente, siguiendo a una institutriz a cargo de dos niños en una gran mansión en la campiña inglesa que parece estar embrujada. Los detalles de la descripción y la narración en primera persona van conformando un mundo que puede inspirar genuino terror.

rosettaedu.com

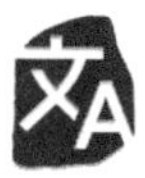

Rosetta Edu

EDICIONES BILINGÜES

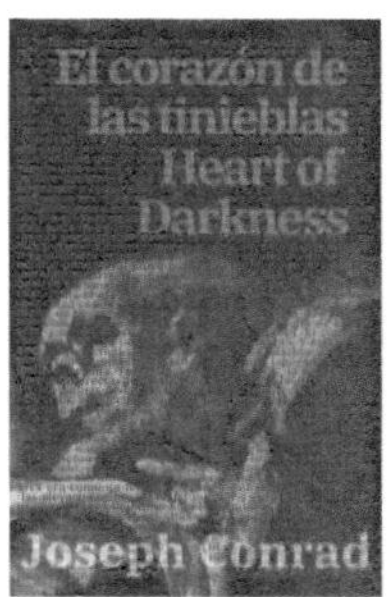

En una atmósfera constante de misterio y amenaza, *El corazón de las tinieblas* narra el peligroso viaje de Marlow por un río (sin duda el Congo aunque no es nombrado en el relato) africano. Lo que el marino puede observar en su viaje le horroriza, le deja perplejo, y pone en tela de juicio las bases mismas de la civilización y la naturaleza humana.

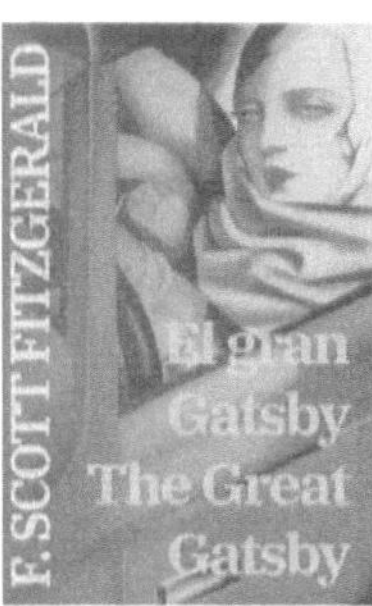

Durante décadas, y acercándose a su centenario, *El gran Gatsby* ha sido considerada una obra maestra de la literatura y candidata al título de «Gran novela americana» por su dominio al mostrar la pura identidad americana junto a un estilo distinto y maduro. La edición bilingüe permite apreciar los detalles del texto original y constituye un paso obligado para aprender el inglés en profundidad.

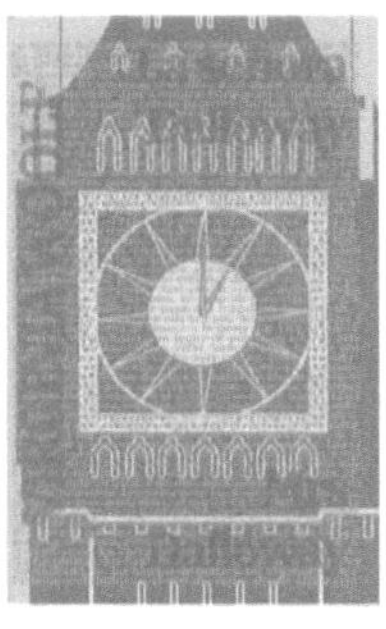

En *La señora Dalloway* Virginia Woolf relata un día en la vida de Clarissa Dalloway, una señora de la clase alta casada con un miembro del parlamento inglés, y de un ex-combatiente que lucha contra su enfermedad mental. La innovación de la novela es la corriente de consciencia: Woolf sigue el pensamiento de cada personaje, siendo excelente a la hora de narrar emociones, asociaciones y sentimientos.

rosettaedu.com

www.ingramcontent.com/pod-product-compliance
Lightning Source LLC
Chambersburg PA
CBHW021336060726
47591CB00006B/2046